L'ILOTE

COMÉDIE EN UN ACTE

EN VERS

PAR

CHARLES MONSELET & PAUL ARÈNE

PARIS
TRESSE, ÉDITEUR
GALERIE DE CHARTRES, 10 ET 11
PALAIS-ROYAL

MDCCCLXXV
Tous droits réservés

L'ILOTE

COMÉDIE EN UN ACTE, EN VERS

Représentée pour la première fois, à Paris,
à la Comédie Française,
le 17 juin 1875.

EN VENTE A LA MÊME LIBRAIRIE.

LES DEUX ORPHELINES

Drame en cinq actes. 2 fr.

LA MAITRESSE LÉGITIME

Comédie en quatre actes. 2 fr.

LE PAN DE ROBE

Comédie en un acte. 1 fr. 50

FIGURES D'OPÉRA-COMIQUE

GAVAUDAN — ELLEVIOU — DUGAZON

PAR A. POUGIN

Un volume in-8°, avec trois eaux-fortes.

PRIX : 5 FRANCS.

L'ILOTE

COMÉDIE EN UN ACTE, EN VERS

PAR

Charles MONSELET et Paul ARÈNE

PARIS
TRESSE, ÉDITEUR
10 ET 11, GALERIE DE CHARTRES
(PALAIS-ROYAL)
—
1875

PERSONNAGES :

L'ILOTE (35 ans). . . . . MM. Got.

CHRÉMÈS (50 ans). . . . . Barré.

LÉANDRE, son neveu (18 ans). Boucher.

FLEUR-DE-SAUGE, petite
esclave (16 ans). . . . . Mlle Reichemberg.

Jeunes Filles et Jeunes Gens.

Pour la musique de l'Ilote, s'adresser à M. Léon,
à la Comédie Française.

L'ILOTE

COMÉDIE EN UN ACTE, EN VERS

La terrasse d'une petite ferme aux environs de Sparte. Quatre piliers blancs soutenant des vignes. Le buste de Lycurgue dans un coin. Au fond, la campagne et un bout de grand chemin.

SCÈNE PREMIÈRE.

CHRÉMÈS, LÉANDRE, FLEUR-DE-SAUGE.

(Chrémès arrive tenant par l'oreille son neveu Léandre et tirant par la main Fleur-de-Sauge.)

LÉANDRE.

Oh! la, la! pas si fort, mon oncle!

FLEUR-DE-SAUGE.

                      Mon bon maître,
Qu'avez-vous contre nous?

CHRÉMÈS.

Tu l'ignores peut-être?

LÉANDRE.

Oh! là! pardon!

FLEUR-DE-SAUGE.

C'était le long des espaliers...

CHRÉMÈS.

Paix! paix! je n'aime pas ces rapports familiers
D'un fils de maître avec une petite esclave.
Qu'elle mène sa chèvre aux champs, ou qu'elle lave
Ses nippes au lavoir, Léandre pas à pas
L'accompagne. Et pourquoi?

LÉANDRE.

Pourquoi? je ne sais pas.
C'est l'instinct.

FLEUR-DE-SAUGE.

C'est l'instinct.

CHRÉMÈS.

Bon!
(A Léandre.)
D'une allure preste,
Toi, va-t'en voir là-bas si j'y suis. (*Léandre sort.*)
(*A Fleur-de-Sauge qui voudrait sortir aussi.*)
Mais toi, reste!

SCÈNE II.

CHRÉMÈS, FLEUR-DE-SAUGE.

CHRÉMÈS.

Car je prétends savoir, ô fillette à l'œil bleu,
Ce que te racontait tantôt ce cher neveu.

FLEUR-DE-SAUGE.

Qui ? Léandre !

CHRÉMÈS.

Léandre. Eh bien ?

FLEUR-DE-SAUGE.

Votre Léandre ?

CHRÉMÈS.

Oui, t'aurait-il pas dit quelque chose de tendre ?

FLEUR-DE-SAUGE.

Sa conversation, hélas ! est sans danger :
J'étais hier avec Léandre à vendanger,
A-t-il soufflé mot ? Non ; roulant des yeux farouches,
Il regardait danser le soleil et les mouches ;
Son air doux et craintif vous aurait réjoui,
Et l'on aurait grand tort d'être inquiet pour lui,
Je vous le garantis.

CHRÉMÈS.

Fleur-de-Sauge, prends garde !
S'il ne te parle pas, du moins il te regarde,
Et ses yeux quelquefois...

FLEUR-DE-SAUGE.

Pour cela j'en conviens,
Ses yeux, qu'il a fort beaux, cherchent toujours les miens.

CHRÉMÈS.

Hum !

FLEUR-DE-SAUGE.

Même certain soir que j'étais endormie...

CHRÉMÈS.

Chut !

FLEUR-DE-SAUGE.

Comment l'empêcher ?

CHRÉMÈS.

J'aviserai, ma mie !
Mais va... non, pas par là !

(*Il la pousse du côté opposé à celui par lequel
Léandre est sorti.*)

FLEUR-DE-SAUGE.

Que vous êtes brutal !

SCÈNE III.

CHRÉMÈS, seul.

Mon Léandre amoureux, fait grave et capital !
Chez Léandre a parlé la voix de la nature,
Hélas ! et je vais voir, pour peu que ceci dure,
En lui l'austérité fléchir sensiblement.
De plus, il me paraît incliner par moment
Vers l'attrait des festins... O Lycurgue ! Lycurgue !
L'intéressant neveu, que jour et nuit j'objurgue,
Tourne à l'ivrognerie. A son dernier repas
Il but trois verres d'eau, c'est là le premier pas :
D'abord l'eau pure, et puis le vin pur... Il s'expose
A de réels dangers, j'en ai su quelque chose
Jadis, lorsque j'avais dix-huit ans comme lui ;
Et si je me laissais aller même aujourd'hui...
Bref ! à l'heure qu'il est ce neveu m'embarrasse,

(On voit, dans le fond de la scène, Léandre et Fleur-de-Sauge s'appeler et se rejoindre.)

Je le sens m'échapper, car il chasse de race :
Sa mère était d'Athène, et c'est tout son portrait.
Pour en faire un sujet exemplaire, il faudrait
Le tableau d'un ilote abruti par l'orgie.
Mais oui ! c'est bien cela... Face immonde et rougie,
Un ilote complet, bien à point, odieux,
D'une horreur salutaire éclairerait ses yeux,

Et le détournerait des plaisirs sentant l'auge...
Il le faudrait aussi montrer à Fleur-de-Sauge,
Afin qu'à cet aspect la petite restât
Dans la timidité conforme à son état.
C'est justement le jour qu'à Sparte nos éphores
Ont en grand appareil débouché les amphores
Et fait griser, ainsi que l'ordonnent les lois,
Abominablement vingt ilotes de choix,
Vingt ivrognes gonflés des vins des côtes grecques,
Trébuchants et roulants, ronds comme des pastèques...
Mais jamais le hasard conduira-t-il ici
Un ilote ?

(*Léandre et Fleur-de-Sauge entrent en courant.*)

SCÈNE IV.

CHRÉMÈS, LÉANDRE et FLEUR-DE-SAUGE.

LÉANDRE.

Oncle !

FLEUR-DE-SAUGE.

Maître !

CHRÉMÈS.

Encore ! vous voici
Encore ensemble ! Et ma défense ?

FLEUR-DE-SAUGE.

Pardon, maître...

LÉANDRE.

Si vous pouviez savoir...

FLEUR-DE-SAUGE.

Si vous daigniez permettre...

CHRÉMÈS.

Parlez !

FLEUR-DE-SAUGE.

Voici...

LÉANDRE.

Voici...

(*Ils s'encouragent tous les deux du regard.*)

FLEUR-DE-SAUGE.

Nous étions...

LÉANDRE.

Par hasard...

FLEUR-DE-SAUGE.

Tout près du petit clos.

LÉANDRE.

Non loin du grand puisard.

FLEUR-DE-SAUGE.

Au bas du pré.

CHRÉMÈS.

Je vois l'endroit que tu désignes.

FLEUR-DE-SAUGE.

Un homme gambadait au milieu de nos vignes ;
Il riait et chantait, coiffé de raisins mûrs.

LÉANDRE.

Nos voisins le suivaient.

FLEUR-DE-SAUGE.

Il se tenait aux murs.

LÉANDRE.

Tous riaient.

FLEUR-DE-SAUGE.

Lui, pareil aux grives en octobre...

CHRÉMÈS, *pensif*.

Celui qu'on me décrit n'est pas un homme sobre.

FLEUR-DE-SAUGE.

Lui, célébrait en vers les vins des meilleurs crus
Et mangeait nos muscats...

LÉANDRE.

Nous sommes accourus...

(*Musique au lointain.*)

CHRÉMÈS, *regardant au loin.*

Dans la poussière d'or et de vapeur qui flotte,
A sa ceinture lâche... Oui! c'est bien un ilote.
Un ilote, dieux bons! je cours le recevoir.

(*Il sort.*)

SCÈNE V.

FLEUR-DE-SAUGE, LÉANDRE.

FLEUR-DE-SAUGE.

Un ilote! Qu'est donc cela? Tu dois savoir
Comment c'est fait, Léandre?

LÉANDRE.

'A peu près... Imagine
Un être affreux...

FLEUR-DE-SAUGE.

Mais non, le nôtre a bonne mine!
C'est l'homme de la vigne.

LÉANDRE.

Ah! j'en ai grand effroi!

FLEUR-DE-SAUGE.

Il chante...

LÉANDRE.

Sauvons-nous, Fleur-de-Sauge !

FLEUR-DE-SAUGE.

Pourquoi ?
Sa voix est belle. O dieux ! il vient, Chrémès le porte,
Les habitants du bourg lui font joyeuse escorte.

LÉANDRE.

Je ne veux pas le voir.

FLEUR-DE-SAUGE.

Il monte le perron...

LÉANDRE.

Viens-nous-en !

FLEUR-DE-SAUGE.

Va-t'en seul !

LÉANDRE.

Curieuse !

FLEUR-DE-SAUGE.

Poltron !

(Léandre se sauve.)

SCÈNE VI.

FLEUR-DE-SAUGE, CHRÉMÈS, L'ILOTE.

(*Entrée de l'ilote, couronné de roses, porté par les habitants du bourg, que Chrémès précède. Des jeunes filles et des jeunes gens légèrement vêtus jouant des cymbales et des flûtes. Riant tableau.*)

L'Ilote, *chantant.*

Nos maîtres ont des airs revêches
Et, sur le front, des feuilles sèches
Qu'ils cueillirent en maints combats ;
Moi, malheureux ilote, j'ose
Ceindre le pampre avec la rose.
Hélas ! hélas !

Chrémès.

Appuyez-vous sur eux ; Fleur-de-Sauge, des chaises,
Une table, du vin. Allons, prenez vos aises,
Faites comme chez vous.

L'Ilote.

Nos maîtres, toujours en colère,
Vivent de bouillie et d'eau claire

Puisée au cours de l'Eurotas.
Moi, pauvre ilote qu'on méprise,
Je ris, je chante et je me grise.
Hélas ! hélas !

(*Pendant cette chanson, des serviteurs ont apporté une table avec une amphore et des coupes.*)

Chrémès.

Le pauvre homme, il est gai !
J'ai mis la main sur un ilote distingué.
Nous vous compléterons.

L'Ilote.

Sans doute.

Chrémès.

N'ayez crainte !
Vous vous griserez comme on se grise à Corinthe.

L'Ilote.

Mieux encore.

Chrémès.

On en va juger dans un moment.

L'Ilote.

Je suis connu, Monsieur, avantageusement.

Chrémès.

Oh ! ne vous froissez point !... Mais où donc est Léandre ?
Hé ! Léandre !... Pardon, si l'on vous fait attendre...

Quant à vous, les amis, cessez de bourdonner
Autour du bon ilote et de l'importuner...

(*Il congédie la foule et les musiciens.*)

Il médite. — Léandre !

(*Il sort en courant.*)

SCÈNE VII.

L'ILOTE, *seul*.

Enfin ! je suis donc ivre !
Ivre à Sparte, ô Bacchus ! Il m'est permis de vivre,
De rire, de danser, de boire ! il m'est permis,
Ainsi qu'au temps jadis avec les bons amis,
De tracer librement des courbes inégales
En chantant au soleil, comme font les cigales !
L'heureux déguisement ! C'est qu'ils m'ont vraiment pris
Pour un ilote, moi, fils d'Athènes ! J'en ris.
Moi, Gnathon, exilé par le destin maussade,
Et digne serviteur du grand Alcibiade.
O ville renfrognée et confite en vertu,
Sparte, noire cité, va, maudite sois-tu !
Pour te voir, malgré moi, j'ai fait plus de cent lieues,
J'ai dû quitter l'Attique et ses collines bleues,
Mon clos, mon petit bourg de Phalère voisin,
Mes ruches, mon balcon encadré de raisin,

Et mon toit d'où, le soir, quand le phare s'allume,
Je regardais fumer Athènes dans la brume...
J'étais Athénien alors. En me levant,
De mon index mouillé j'interrogeais le vent ;
Temps clair ! Et l'on partait. Bientôt dans la boutique
D'un ami, pleins d'audace, et causant politique,
On massacrait, en des combats multipliés,
Thèbes, Sparte, Corinthe, avec les alliés.
Puis, le soleil tombant derrière Salamine :
« Allons voir, disions-nous, si Phidias termine
Ses sculptures. » Chacun lui donnait son avis.
Chère Athène ! Heureux jours ! Plaisirs trop tôt ravis !
Hélas ! il a suffi d'un décret imbécile :
Mon maître fuit, et c'est à Sparte qu'il s'exile.
Le triste choix, dieux bons ! Vivre à Sparte, trois mois,
En homme régulier, tondu, craignant les lois ;
Oublier le Pœcile avec ses courtisanes,
Se nourrir d'un pain noir que renieraient nos ânes
Du Céramique ; avoir les ongles mal polis ;
N'oser pas de sa robe harmoniser les plis ;
Lutter, lutter toujours, promener par la ville
Un parfum vertueux fait de sueur et d'huile,
Voilà quel est le sort, aussi plat qu'un palet,
Du grand Alcibiade... et de moi, son valet.
Mais ce matin je sors ; je vois courir la foule ;
Je la suis. Qu'aperçois-je, ô ciel ! du vin qui coule
Et des ilotes qu'on grisait violemment !
Soudain je me suis fait ce beau raisonnement :

Puisque la dure loi qui me défend l'usage
Du bon vin, le prescrit à l'ilote, en vrai sage
Je me déclare ilote ; — et, dans le carrefour
Où leurs groupes faisaient rougir l'astre du jour,
J'avise l'un d'entre eux, déjà pris de vertige :
« Donne-moi ta robe et prends la mienne, » lui dis-je,
L'ilote, interloqué, m'aide à me déguiser ;
Alors, Sparte a pu voir un homme s'amuser !
Partout j'ai promené sous ses affreux portiques
La grâce ionienne et ses vices attiques ;
Puis, comme on m'admirait par trop, fuyant le bruit,
Je suis venu. — La ferme et l'hôte m'ont séduit,
L'hôte surtout. Son air honnête, sa parole,
Annoncent un cœur d'or.

SCÈNE VIII.

L'ILOTE, CHRÉMÈS, LÉANDRE.

CHRÉMÈS *amenant Léandre, qui le suit, timide, la tête basse.*

      Maintenant, à l'école !
Mon neveu, bon ilote !... il est un peu troublé ;
Je l'ai trouvé fourré dans le grenier à blé.

    L'ILOTE.

Bien !

LÉANDRE.

J'ai grand'peur, mon oncle.

CHRÉMÈS.

Hein! mon neveu, regarde
Ce nez gros de rubis, cette mine hagarde,
Elle te fait horreur... Voyons, ilote, un coup!
Comment le trouvez-vous?

L'ILOTE.

Il m'en faudra beaucoup,
Cher hôte, car mon cours tout à peine commence.

CHRÉMÈS.

Et comment trouvez-vous l'amphore?

L'ILOTE.

Elle est immense,
Mais je ne la crains pas.

CHRÉMÈS.

Bon ilote, buvez!
J'ai mieux encor : cinq ou six flacons réservés,
Que jadis mon aïeul enterra dans le sable.
Ils sont pour vous!

L'ILOTE.

Ah! dieux! qu'il est donc haïssable
De tant boire!

CHRÉMÈS.

Buvez... Diantre ! il ferait beau voir
Que vous ne buviez plus ! Boire est votre devoir.
Buvez sans marchander, on paiera vos services,
Et donnez-nous l'exemple affreux de tous les vices !

L'ILOTE, *modestement.*

J'en ai même inventé deux ou trois de nouveaux.

CHRÉMÈS.

C'est au mieux !

LÉANDRE, *à part.*

Le bourreau !

CHRÉMÈS.

Commençons nos travaux.

L'ILOTE.

Volontiers.

CHRÉMÈS, *à part.*

Voyons comme il s'y prend [1].

(*Il s'assied. Léandre reste debout de l'autre côté de la scène. L'Ilote, les mains à plat sur la table, a la pose et le ton d'un conférencier.*)

L'ILOTE.

La ciguë
Se révèle d'abord rien qu'à sa feuille aiguë ;

1. Léandre, Chrémès, l'Ilote.

C'est un poison subtil, mais honnête, un poison
De bonne foi. Le vin, lui, va par trahison :
Voyez-le rire, avec sa bonne face rouge,
Et ce rayon tremblant, ce clair rayon qui bouge
Et qui semble lui faire un doux et chaud regard...

(Il prend une coupe.)

Mais on ne te croit pas, vin de cent ans, vieillard
Hypocrite ! *(Il boit.)*

LÉANDRE, *effrayé.*

Il reboit !

L'ILOTE.

Or, sachez bien, jeune homme,
Que l'ivresse se cache en son sein rouge, comme
Une guêpe tapie au cœur d'un rouge œillet...

(Il boit.)

Sachez... si par hasard la guêpe s'éveillait...
Lycurgue veut d'ailleurs que toujours elle dorme...

(Il boit encore.)

Que... ce serait enfin quelque chose d'énorme !

LÉANDRE.

Mais, si vous dites vrai, pourquoi donc buvez-vous ?

L'ILOTE.

Le gredin empoisonne, oui... mais il est si doux,
Il est si chaud ! Et puis, hélas ! je suis si lâche !

C'est là d'ailleurs mon lot, mon rude faix, ma tâche :
Boire et marcher d'un pas noblement incertain !
Plaignez-moi ; car, depuis l'instant où le matin,
Magnifique et chassant les étoiles moroses
Inonde l'orient de ses robinets roses,
Jusqu'à l'heure où, crevant de ses larges essieux
Les tonneaux entassés aux profondeurs des cieux,
Le généreux Phœbus, qui veut que tout s'abreuve,
Fait ruisseler la pourpre et le vin comme un fleuve
Sur les plaines, les monts, les cités et les bois,
Soumis aux dures lois de Lycurgue, je bois.

(*Il vide la coupe d'un air accablé.*)

LÉANDRE.

Alors, c'est bon ?

CHRÉMÈS.

Non pas !

L'ILOTE.

Laissez faire.

(*A Léandre*[1].)

Tiens, goûte...
C'est pour l'en dégoûter... Ne la vide pas toute !

CHRÉMÈS.

Hein ! Est-ce assez mauvais ?

1. Léandre, l'Ilote, Chrémès.

LÉANDRE, *buvant.*

Ah! l'on dirait du feu.

CHRÉMÈS, *insistant.*

Mais comme c'est mauvais. Pouah!

LÉANDRE, *sans conviction.*

Pouah! Encore un peu.

L'ILOTE, *à Chrémès.*

L'effet va se produire.

CHRÉMÈS, *étonné.*

Encore, ilote?

L'ILOTE.

Encore!
C'est mon système! Vite, une deuxième amphore.

CHRÉMÈS.

Son système! parfait! Et poussez vos leçons
Jusqu'au bout, mon cher hôte.

L'ILOTE, *résigné, à Léandre.*

Et nous... recommençons.

(*Chrémès sort.*)

SCÈNE IX.

L'ILOTE, LÉANDRE.

LÉANDRE, *riant.*

Verse ce vin qui fait mon âme épanouie !

(*Ils s'attablent.*)

L'ILOTE.

Telle, au printemps, on voit, sous une chaude pluie,
La morille charnue et grosse de parfums
Dresser contre les ceps mille pavillons bruns,
Tel un cœur desséché, sous une chaude averse
De bon vin, voit gonfler son terreau qui se gerce ;
Un doux parfum s'épand sur la brise emporté,
La terre se soulève, et la saine gaîté,
Dans ce cœur qu'un soleil aride sèche et grille,
Montre sa tête et sort, ainsi que la morille !

SCÈNE X.

LES MÊMES, FLEUR-DE-SAUGE,
apportant une amphore.

FLEUR-DE-SAUGE.

Tenez, voilà pour vous... Ouf! comme c'est pesant!

LÉANDRE, *égayé.*

Mignonne, reste ici, l'ilote est fort plaisant.

L'ILOTE.

Eh! la charmante enfant, messagère de joie,
D'où venez-vous?

LÉANDRE.

Réponds.

FLEUR-DE-SAUGE.

C'est Chrémès qui m'envoie.

L'ILOTE, *à part.*

Je comprends; il l'envoie à l'école, elle aussi.
Je vais leur faire un cours! — Approchez!

FLEUR-DE-SAUGE.

Me voici.

L'Ilote.

Et tâchons d'écouter...

Fleur-de-Sauge.

Oh! je suis tout oreilles...

L'Ilote.

Ces deux amphores sœurs ont l'air quasi pareilles,
Et vous croyez, enfants, que dans leur vaste cœur
Comme un sang généreux bout la même liqueur;
Il n'en est rien pourtant. D'ici, de la première,
Belle et s'enveloppant de flamme et de lumière
Ainsi que d'un manteau splendide et radieux,
Soutien des pauvres gens et compagne des dieux,
Reine partout, et dans Sparte seule exilée,
La joie aux ailes d'or d'abord s'est envolée.

(*Il fait sonner l'amphore du doigt.*)

Vide!

Léandre.

On va maintenant passer à celle-ci?

L'Ilote.

Garde-toi d'en rien faire, ô jeune homme transi!
Car si l'une contint la gaîté, la seconde
Cache le roi des dieux dedans sa panse ronde,
Et si vous y touchiez, enivré de grand jour,
De là, de ce goulot s'envolerait l'amour!

FLEUR-DE-SAUGE.

L'amour?

LÉANDRE.

L'amour?

FLEUR-DE-SAUGE.

Il faut y goûter.

LÉANDRE.

Non, je tremble;
Chrémès se fâcherait.

FLEUR-DE-SAUGE.

Alors buvons ensemble :
Chrémès aura bien plus de peine à se fâcher,
Contre deux.

(Respirant la coupe et buvant.)

On dirait le parfum du pêcher,
Amer et doux!

LÉANDRE.

Vraiment?

L'ILOTE, *à part.*

Pour un couple modeste,
Ils vont bien.

FLEUR-DE-SAUGE.

Tiens, Léandre, il faut boire le reste!

L'Ilote.

Mon cœur d'Athénien s'en réjouit pour eux.

(Passant au milieu d'eux.)

Eh bien ! enfants, je crois que l'on est amoureux.

Léandre.

Demande à Fleur-de-Sauge.

Fleur-de-Sauge.

Interrogez Léandre.

L'Ilote, à part.

Ils sont charmants avec leur air confus et tendre ;
Et cependant je dois, ilote à double fin,
Leur faire détester l'amour comme le vin.
Dans ce cas, par Cypris, la méthode est fort claire,
Et je vais leur montrer ce qu'il ne faut pas faire.

(A Léandre, qui presse Fleur-de-Sauge.)

Recule-toi, jeune homme aux essors imprudents !
Il ne faut pas jeter de regards trop ardents
Sur cette blanche épaule adorable et polie ;
Il ne faut pas non plus, sous peine de folie,
Respirer de trop près le vent de ces cheveux,
Parfum plus enivrant que celui du vin vieux,
Ni, découvrant le sein qu'un fin tissu protége,
T'abîmer, éperdu, dans ces amas de neige...
La neige a son vertige !

LÉANDRE.

— O vertige charmant!

L'ILOTE, *le repoussant.*

L'œil d'un ilote seul le brave impunément...
Il ne faut pas, du pur désir passant aux actes,
Prendre de ce beau corps les mesures exactes,
En l'entourant d'un bras impudemment jeté...
Ainsi que je le fais, moi, satyre éhonté...
Ni, blessé par Éros et brûlé de ses fièvres,
Sur un cou qui se ploie ainsi poser les lèvres!

(*Il embrasse Fleur-de-Sauge.*)

FLEUR-DE-SAUGE, *avec un petit cri.*

Ah!

LÉANDRE.

Dieux!!

L'ILOTE, *gravement.*

J'ai dit.

LÉANDRE, *fâché.*

Oui, dit... et fait.

L'ILOTE.

Il le fallait,
Afin que mon cours fût saisissant et complet!

LÉANDRE, *embrassant Fleur-de-Sauge.*

Il l'est!

FLEUR-DE-SAUGE, *affirmative*.

Il l'est!

SCÈNE XI.

LES MÊMES, CHRÉMÈS.

CHRÉMÈS, *apportant une nouvelle amphore*.

Eh bien! ça marche-t-il?

LÉANDRE, *un peu exalté*.

Oui, certe!
Grâce à ces pots scellés de poix antique et verte,
Grâce à Lycurgue...

(*Montrant l'ilote, qui salue modestement*.)

Et grâce à cet homme divin,
Je hais déjà la joie et l'amour, fils du vin!

CHRÉMÈS, *inquiet*.

Bah!

L'ILOTE.

Ce n'est pas assez! Il faut haïr encore
Tout ce qui charme Athène et ce que Sparte ignore,
Tout ce qu'un peuple ardent, né sous les oliviers,
Voit naître et glorifie, et, partout enviés,
Les arts triomphateurs, les beaux vers, les statues,

L'immortelle Vénus, les Grâces peu vêtues,
La danse ionienne et les douces chansons!

Chrémès, *à part.*

Ouais! l'étrange discours! Il me vient des soupçons;
Cachons-nous!

(*Il se cache derrière le piédestal de Lycurgue.*)

Léandre.

Les chansons?

Fleur-de-Sauge.

Et la danse, Léandre!

L'Ilote.

Haïssez-les!

Fleur-de-Sauge.

Haïr... sans savoir, sans comprendre?
Dansons d'abord.

Léandre.

Dansons!

L'Ilote, *à part.*

Bah! Chrémès n'est plus là...
Vous le voulez?

Tous deux.

Oh! oui!

L'ILOTE.

Soit, j'aime mieux cela!

CHRÉMÈS, *à part.*

Hein?

LÉANDRE.

Dût ce vieux Lycurgue en faire la culbute,
Dansons!

FLEUR-DE-SAUGE.

Dansons!

L'ILOTE.

Enfants, décrochez-moi ma flûte.

(*Fleur-de-Sauge et Léandre apportent une flûte à l'ilote, qui s'assied sur le bord de la terrasse.*

CHRÉMÈS, *caché.*

Qu'est-ce que tout ceci? Je crois, en vérité,
Que tes édits, Lycurgue, ont leur mauvais côté!

L'ILOTE, *après un prélude.*

En avant, et partez ensemble!

CHRÉMÈS, *à part.*

Quelle audace!

FLEUR-DE-SAUGE.

En avant!

3.

LÉANDRE.

En avant!

(*L'ilote joue sur la flûte. Léandre et Fleur-de-Sauge s'apprêtent à danser.*)

CHRÉMÈS, *les bras au ciel, à part.*

Quoi! danser la cordace!

FLEUR-DE-SAUGE.

Allons, Léandre!

LÉANDRE.

Soit! Car, je ne sais comment,
C'est ce qu'on m'interdit qui me paraît charmant.

(*Danse. Sur la dernière mesure, Chrémès se précipite, un bâton à la main.*)

CHRÉMÈS.

Gueux! brigand! assassin!

L'ILOTE.

Eh! dieux! est-ce ma faute?
Quelqu'un fut plus puissant que nous deux, mon cher hôte!

CHRÉMÈS.

Je te ferai périr, bavard, sous le bâton!

L'ILOTE.

Je crois qu'on a manqué de respect à Gnathon!

CHRÉMÈS.

Tu mourras!

L'ILOTE.

Si jamais le sort veut que je meure,
Que ce soit en avril, lorsque la vigne pleure,
Pour que j'aie un bonheur du moins: être pleuré
Par qui j'aime!

CHRÉMÈS.

Ah! l'infâme! ah! l'ilote exécré!
Accourez, les amis, je veux faire un exemple!
Il faut un châtiment, mais quelque chose d'ample...
Emparez-vous de lui!

L'ILOTE.

Gardez de faire un pas!
Je ne suis point qui vous croyez...

CHRÉMÈS.

Quoi! tu n'es pas...

L'ILOTE, *d'un air inspiré.*

Je suis... un dieu peut-être... ou Bacchus ou Silène,
Car l'Olympe parfois émigre vers la plaine...
Et l'on a vu ces dieux, de vos plaisirs jaloux,
S'aventurer sur terre...

(*Terreur religieuse de la foule.*)

Eh bien! non... Entre nous,
Je ne suis qu'un héros... de l'ordre domestique.

CHRÉMÈS, *indigné.*

Domestique !

L'ILOTE.

Je suis un homme politique !
Valet d'Alcibiade autrefois... aujourd'hui
Son compagnon d'exil, et sacré comme lui.

CHRÉMÈS.

Viens, Léandre, viens-t'en !

LÉANDRE.

O mon oncle, de grâce,
Puisqu'il nous quitte, par vos genoux que j'embrasse,
Par Bacchus, par Vénus, par Fleur-de-Sauge...

CHRÉMÈS.

Quoi ?

LÉANDRE.

Laissez-moi, mon cher oncle, être ilote...

CHRÉMÈS.

Qui ? toi !
Un Spartiate !!!

LÉANDRE.

Oui-da ! ma mère était d'Athènes !

L'ILOTE, *à Chrémès.*

En ce cas-là, brave homme, et puisque dans ses veines
Coule l'amour des arts ingénieux et fins,

De la charmante Fleur-de-Sauge et des bons vins,
Je lui lègue ma robe...

CHRÉMÈS.

A Léandre !

L'ILOTE, *à Léandre.*

Avec elle,
Malgré les magistrats et leur noire séquelle,
Tu pourras, au milieu de la triste cité,
Aimer, chanter et rire en toute liberté !

CHRÉMÈS, *se laissant tomber sur un siége, la tête dans les mains.*

Lycurgue ! qu'en dis-tu ? Quelle erreur fut la mienne !
O l'éducation lacédémonienne !

L'ILOTE, *lui frappant sur l'épaule.*

Proscrire le bon vin ! Mais si vous le vouliez,
Il fallait démolir et cuves et celliers ;
Il fallait, brandissant la hache des batailles,
Pratiquer aux flancs noirs des outres mille entailles ;
Il fallait, sans pitié, sur les coteaux sacrés,
Faire couler le sang des grands crus massacrés ;
Il fallait en tous lieux, rugissants et farouches,
Disperser les raisins, déraciner les souches,
Et rayer Bacchus du nombre des dieux vivants !
Puis interdire à l'air, puis interdire aux vents,
D'apporter par-dessus les grandes mers lointaines

Le bruit que font là-bas les cabarets d'Athènes !
Car, ô grand Lycurgue, ô législateur têtu !
Dussent tes cheveux courts sur ton crâne pointu
S'en hérisser d'horreur, il faut que tu le saches :
Malgré tes durs soldats et leurs fortes moustaches,
Et leur front bas et lourd, où notre vert laurier,
Quoique volé d'hier, a l'air de s'ennuyer ;
Malgré tes chefs, malgré leur facile victoire,
Tu n'empêcheras pas les braves gens de boire ;
Et tant que le raisin quelque part mûrira,
Que luira le soleil et que Gnathon boira,
La Grèce qui nous voit, la Grèce pourra dire :
Non, Sparte n'a su vaincre Athènes, ni le rire !
Bonsoir !
      (Fausse sortie.)

LÉANDRE, *courant après lui.*

Reste, demain on te pardonnera.

FLEUR DE SAUGE.

Vous serez du festin lorsqu'on nous mariera...

LÉANDRE.

Et tu te marieras à ton tour.

L'ILOTE.

          Pas si bête !
Merci, Léandre ! Et toi, blonde et mutine tête,
Merci. Le jour décroît. Déjà, le ciel plus noir

M'avertit de rentrer dans la ville. A revoir !
J'ai satisfait un jour mon humeur vagabonde ;
Pourtant ce serait doux : borner ici le monde,
Dans cette ferme blanche, à l'abri des hivers
Incléments, près de vous qui m'êtes déjà chers,
Mes élèves !... et même auprès de ce bonhomme,
Plus bête que méchant, et cœur honnête en somme.
A quoi bon y penser ?... Et puis je ne suis pas
Aussi gai que cela tous les jours. Souvent las
Et bourru, s'attardant en de songeuses poses,
L'ilote d'aujourd'hui, découronné de roses,
Laisse voir un mortel fort triste, tout pareil
Aux autres, et comme eux amer à son réveil.
Adieu donc !

> (*Il serre la main à Léandre et à Fleur-de-Sauge et, moitié attendri, moitié souriant, enjambe la terrasse.*)

CHRÉMÈS, *relevant la tête.*
Tu t'en vas ?

LÉANDRE.

Tout de bon !

CHRÉMÈS.

Pas encore...

> (*Un moment de silence. Puis Chrémès se lève lentement et, comme par un mouvement machinal, va prendre une coupe sur la table.*)

Viens... il reste du vin au fond de cette amphore !

L'Ilote.

Allons donc !

(Ramenant Chrémès sur le devant de la scène.)

Entre nous, vous êtes bien longtemps
Demeuré dans la cave...

Chrémès.

Eh ! Gnathon, je t'entends.
Je choisissais parmi les meilleures années.

L'Ilote.

En goûtant ?

Chrémès.

En goûtant.

L'Ilote.

Minutes fortunées !
Alors, convenez donc que vous aimez...

Chrémès.

Si peu...

L'Ilote.

Ce que vous prétendez interdire au neveu ;
Et que si l'on grattait en vous le Spartiate...

Chrémès.

Ne gratte pas trop fort...

L'Ilote.

Cet œil qui se dilate,
Cette bouche, qui s'ouvre à l'odeur des pressoirs...

Chrémès.

Tais-toi, j'irai te voir là-bas, un de ces soirs !

(*Musique.*)

L'Ilote, *porté en triomphe*.

Lycurgue, es-tu content?

Chrémès.

A vrai dire, j'en doute.

L'Ilote.

Allons ! que les flambeaux éclairent notre route.

FIN.

A PARIS

DES PRESSES DE D. JOUAUST

Imprimeur breveté

RUE SAINT-HONORÉ, 338

Ancienne Maison J. N. BARBA

CATALOGUE
DE
TRESSE
LIBRAIRE-ÉDITEUR

DEUXIÈME PARTIE

**CHOIX DE PIÈCES
FACILES A JOUER EN SOCIÉTÉ**

Toutes les pièces portées sur ce Catalogue sont expédiées *franco*. — Toute commande non accompagnée du montant en mandats ou timbres-poste sera considérée comme non avenue.

PARIS
GALERIE DE CHARTRES, 10 & 11
PALAIS-ROYAL

Avril 1875

CHOIX DE PIÈCES FACILES A JOUER EN SOCIÉTÉ.

UN PERSONNAGE

	Hommes	Femmes	PRIX
Ah! quel plaisir d'être garçon, vaudeville en 1 acte.	1	»	1 »
Arlequin tout seul, vaudeville, 1 acte............	1	»	2 »
Cassandre tout seul, vaudeville, 1 acte..........	1	»	2 »
Ce que deviennent les filles de marbre, vaud. en 1 a.	»	1	» 60
Chérubin tout seul, vaudeville, 1 acte...........	1	»	2 »
La Clé de Barbe-Bleue, comédie, 1 acte.........	»	1	1 »
Une dame au violon, 1 acte.....................	»	1	» 60
Les Économies de Cabochard, vaudeville, 1 acte..	1	»	1 »
L'Entresol, comédie, 1 acte.....................	»	1	1 »
Fanchon toute seule, comédie-vaudeville, 1 acte...	»	1	3 »
Une Femme sous les scellés, vaudeville, 1 acte....	»	1	1 »
Figaro en prison, comédie, 1 acte, en vers......	1	»	1 »
Figaro tout seul, vaudeville en 1 acte...........	1	»	3 »
Frontin tout seul, vaudeville en 1 acte...........	1	»	2 »
Gilles tout seul, vaudeville en 1 acte............	1	»	2 »
L'Ivrogne tout seul, vaudeville en 1 acte........	1	»	2 »
Jeannot tout seul, vaudeville en 1 acte..........	1	»	2 »
La Lanterne de Diogène, monologue, 1 acte, en vers.	1	»	» 60
Lisette toute seule, vaudeville en 1 acte.........	»	1	2 »
Mariée depuis midi, pièce en 1 acte..............	»	1	1 50
Nicaise tout seul, vaudeville en 1 acte...........	1	»	3 »
Une Nuit d'attente, vaudeville en 1 acte.........	»	1	2 »
Pourquoi plus de chansons, monologue en 1 acte.	»	1	1 »
Scapin tout seul, vaudeville en 1 acte............	1	»	3 »
Sous clé, vaudeville en 1 acte...................	»	1	1 »
Le Théâtre archi-moral, 1 acte..................	1	»	1 »
La Vivandière des zouaves, vaudeville en 1 acte...	»	1	1 »
Le Voyage autour de ma chambre, v. 1 a........	»	1	2 »

DEUX PERSONNAGES

L'Amour au village, opérette-vaudeville en 1 acte...	1	1	» 50
Un Bal à émotions, vaudeville en 1 acte.........	1	1	1 »
Un Bas-bleu, vaudeville en 1 acte...............	1	1	1 »
Chapitre second, comédie en 1 acte..............	1	1	1 »
Charlotte et Nicaise, vaudeville en 1 acte........	1	1	1 »
Défiance et malice, comédie en 1 acte en vers.....	1	1	1 »
Les Deux somnambules, vaudeville en un acte.....	1	1	1 »
Un Duel sans témoins, vaudeville en 1 acte......	2	»	1 »
L'Enseignement mutuel, vaudeville en 1 acte......	1	1	1 »
Entre ciel et terre, vaudeville en 1 acte..........	2	»	1 »
Galathée et Pygmalion, pochade en 1 acte........	1	1	1 »
Gloire et perruque, vaudeville en 1 acte..........	1	1	1 50

Titre	Hommes	Femmes	PRIX
Le Guide du Bon Ton, pochade en 1 acte	2	»	1
L'Intendant comédien malgré lui, vaudeville en 1 acte	2	»	3
Marton et Frontin, comédie en 1 acte	1	1	1
Le Mieux est l'ennemi du Bien, vaudeville en 1 acte	2	»	1
Mon abonné, comédie en 1 acte	1	1	1
Une Nuit sur la scène, vaudeville en 1 acte	2	»	1
Paquette et Grivet, vaudeville en 1 acte	1	1	1
Passé Midi, vaudeville en 1 acte	2	»	1
Passé Minuit, vaudeville en 1 acte	2	»	1
Pygmalion, scène lyrique en 1 acte	»	1	2
Quelle mauvaise farce, vaudeville en 1 acte	1	1	1
Rompons, opérette en 1 acte	1	1	1
Rose et Narcisse, opéra-comique en un acte	1	1	1
Sous le paillasson, vaudeville en 1 acte	1	1	1
Un Trésor dans une botte, opérette-vaud. en 1 acte	1	1	1
Un et un font onze, comédie-vaudeville en 1 acte	1	1	3
Une Troupe d'enfants, op.-v. en 1 acte	1	1	» 50
La Vestale, vaudeville en 1 acte	»	2	3

TROIS PERSONNAGES

Titre	Hommes	Femmes	PRIX
Les Acteurs à l'épreuve, vaudeville en 1 acte	2	1	2 »
Aide-toi, le ciel t'aidera, com.-vaudeville en 1 acte	1	2	1 »
Les Ailes de l'amour, opéra-comique en 1 acte	1	2	2 »
Une Allumette entre deux feux, vaudeville en 1 acte	1	2	1 50
L'Amant arbitre, comédie en 1 acte, en vers	2	1	2 »
L'Ami de la maison, vaudeville en 1 acte	2	1	2 »
Les Amours de Bastienne, opéra-comique en 1 acte	2	1	2 »
Amour et Amour-propre, comédie-vaud. en 1 acte	1	2	1 »
L'Amoureux d'en face, comédie-vaud. en 1 acte	2	1	1 »
Un Ange au sixième étage, com.-vaud. en 1 acte	2	1	1 »
A Quinze ans, vaudeville en 1 acte	2	1	1 »
Un Bonheur ignoré, comédie-vaudeville en 1 acte	2	1	2 »
La Bonne à Venture, vaudeville en 1 acte	2	1	1 »
Calino amoureux, op.-vaud. en 1 acte	2	1	1 »
Le Chalet, opéra-comique en 1 acte	2	1	1 »
Champagnac et Suzette, comédie en 1 acte	2	1	2 »
Chimère et réalité, comédie en 1 acte, en vers	1	2	2 »
La Clochette, comédie en 1 acte, en vers	1	2	2 »
Congé avant midi, comédie-vaudeville en 1 acte	2	1	1 »
La Contre-épreuve, comédie en 1 acte, en vers libres	1	2	2 »
La Créole, vaudeville en 1 acte	2	1	2 »
Le Dernier Jour de deuil, vaudeville en 1 acte	2	1	2 »
Les Deux billets, comédie en 1 acte	2	1	2 »
Les Deux Ermites, vaudeville en 1 acte	1	2	2 »
Les Deux Vieilles Gardes, opérette en 1 acte	3	»	1 »
Le Devin de Village, comédie en 1 acte	2	1	2 »
Discrétion, vaudeville en 1 acte	2	1	1 »
Drin-Drin, vaudeville en 1 acte	2	1	1 »
Edouard et Adèle ou l'Indifférence par amour, c. 1 a.	2	1	2 »
Est-elle Fille, Femme ou Veuve, comédie en 1 acte	2	1	2 »
Fais la cour à ma femme, vaudeville en 1 acte	2	1	1 50
Folie et Raison, comédie en 1 acte, en vers	2	1	2 »

	Hommes	Femmes	PRIX
Frosine, comédie en 1 acte...........................	2	1	2 »
Haine aux petits enfants, vaudeville en 1 acte......	2	1	2 »
Henriette et Charlot, vaudeville en 1 acte..........	2	1	1 »
L'Héritière, comédie-vaudeville en 1 acte...........	2	1	1 »
Une Heure de Charles XII, ou le Lion amoureux, v. 1 a.	2	1	2 »
Le Hochet d'une coquette, comédie en 1 acte........	1	2	1 »
Les Horreurs du Carnaval, opérette en 1 acte.......	2	1	2 »
Il faut un état, vaudeville en 1 acte...............	2	1	2 »
Le Jaloux corrigé, folie-vaudeville en 1 acte.......	1	2	2 »
J'arrive à temps, comédie-vaudeville en 1 acte.....	1	2	2 »
Je connais les femmes, comédie en 1 acte...........	2	1	2 »
Karel Dujardin, comédie en 1 acte, en vers.........	2	1	1 50
La Licorne, comédie-vaudeville en 1 acte...........	1	2	1 50
La Ligne droite, comédie en 1 acte.................	2	1	1 »
Lisette, vaudeville en 1 acte.......................	2	1	1 »
La Liste de mes maîtresses, vaudeville en 1 acte...	2	1	1 »
Livre III, Chapitre 1er, comédie en 1 acte.........	2	1	1 »
Madame Mascarille, comédie en 1 acte..............	2	1	1 50
Mademoiselle Bernard, comédie en 1 acte..........	2	1	1 »
Le Maître de chapelle, opéra-comique en 1 acte....	2	1	1 »
Le Mariage par demandes et réponses, com. en 1 acte	2	1	2 »
Le Mari en bonne fortune, vaudeville en 1 acte....	1	2	2 »
Le Marin ou les Deux Ingénues, vaud. en 1 acte....	1	2	2 »
Le Meilleur moyen, opérette-vaudeville en 1 acte...	2	1	1 »
Mémoires d'un colonel de hussards, com.-vaud. 1 a.	2	1	1 »
Michel et Christine, comédie en 1 acte.............	2	1	1 »
Monsieur et Madame Robinson, vaudeville en 1 acte.	2	1	1 »
Un Monsieur et une Dame, vaudeville en 1 acte...	1	2	1 »
Une Morale au Cabaret, vaudeville en 1 acte.......	3	»	1 »
Les Muets, vaudeville en 1 acte....................	2	1	1 »
La Nuit des noces de la Fille Angot, v. en 1 acte..	2	1	1 »
La Nuit rose, vaudeville en 1 acte.................	2	1	1 »
Les Œuvres d'Horace, comédie en 1 acte............	1	2	1 »
On demande des domestiques, vaudeville en 1 acte..	3	»	1 50
L'Orage ou Un tête-à-tête, com.-vaud. en 1 acte...	2	1	1 »
Les Papillottes de M. Benoist, op.-com. en 1 acte.	2	1	1 »
Un Page du Régent, vaudeville en 1 acte............	2	1	1 »
Les Petits péchés de la Grand'-Maman, vaudev. 1 a.	1	2	1 »
Le Phare de Bréhat, comédie-vaudeville en 1 acte...	2	1	1 »
Le Point du Jour, vaudeville en 1 acte..............	1	2	2 »
Pomme d'Api, opérette en 1 acte....................	2	1	1 50
Le Portrait de Juliette, comédie en 1 acte.........	2	1	3 »
Quand on va cueillir la noisette, comédie en 1 acte.	2	1	1 »
La Question d'Occident, vaudeville en 1 acte.......	3	»	1 »
Le Roman d'une heure, comédie en 1 acte...........	1	2	1 »
Le Secret du Ménage, comédie en 3 actes, en vers..	1	2	1 »
Shakespeare amoureux, comédie en 1 acte, en vers..	1	2	1 »
Sur la Gouttière, vaudeville en 1 acte..............	2	1	1 »
Sur Terre et sur Mer, vaudeville en 1 acte.........	1	2	1 »
Thompson et Garrick, com. en 1 acte, en vers......	2	1	2 »
Trois têtes dans un bonnet, com.-vaud. en 1 acte...	2	1	1 »
La Tyrolienne, vaudeville en 1 acte.................	2	1	1 »
Venez, je m'ennuie, comédie en 1 acte..............	1	2	2 »
Le Villageois qui cherche son veau, vaud. en 1 acte.	2	1	2 »
Le Violoneux, opérette en 1 acte...................	2	1	2 »
La Voix de Duprez ou le Sirop musical, c.-v. 1 a..	2	1	1 »

QUATRE PERSONNAGES

	Hommes	Femmes	PRIX	
A coups de bâtons, vaudeville en 1 acte	3	1	1	50
Les Acteurs à l'auberge, vaudeville en 1 acte	2	2	2	»
L'Actrice ou les Deux Portraits, vaud. en 1 acte	2	2	2	»
Adolphe et Clara, opéra-comique en 1 acte	3	1	1	»
Adrien Van-der-Velde, vaudeville en 1 acte	3	1	2	»
Agence matrimoniale, comédie en 1 acte	3	1	1	»
Alexandre et Apelles, comédie en 1 acte	3	1	2	»
Alexis ou l'Erreur d'un père, opéra-comique en 1 acte	3	1	2	»
Les Amis à l'épreuve, comédie en 1 acte, en vers	3	1	2	»
Un ami dans la peine, vaudeville en 1 acte	3	1	1	»
L'Ami de la maison, vaudeville en 1 acte	3	1	1	»
L'Ami du mari, comédie en 1 acte, en vers	2	2	2	»
L'Amour à la maréchale, vaudeville en 2 actes	2	1	1	»
Les Amours de M. Jacquinet, vaudeville en 1 acte	3	2	2	»
L'Amour et le Procès, comédie en 1 acte	2	2	2	»
Anaximandre, comédie en 1 acte	2	2	2	»
Angelina, drame-vaudeville en 3 actes	2	1	1	»
Annette et Lubin, opéra-comique en 1 acte	3	2	2	»
A Perpétuité, comédie en 1 acte	3	1	1	»
L'Apprenti de Cléomène, comédie en 1 acte en vers	3	1	1	»
Arlequin afficheur, vaudeville en 1 acte	3	1	2	»
Arlequin en gage, vaudeville en 1 acte	3	1	2	»
Arlequin portier, vaudeville en 1 acte	3	1	2	»
Bagatelle, opéra-comique en 1 acte	1	3	1	50
Les Baisers du Roi, comédie en 1 acte	2	2	1	»
Le Bandeau, vaudeville en 1 acte	3	1	1	»
Ba-ta-clan, opérette en 1 acte	3	1	2	»
Bâtardin, vaudeville en 1 acte	2	2	2	»
La Belle Esclave, comédie en 1 acte	3	1	2	»
Le Billet de loterie, comédie en 1 acte	2	2	2	»
Blon, comédie en 1 acte, en vers	3	1	2	»
Le Bon Ménage, comédie en 1 acte	2	2	2	»
Le Bon père, comédie en 1 acte	2	2	1	»
Le Bouffe et le Tailleur, opérette en 1 acte	3	1	2	»
La Brahmine, comédie en 1 acte	3	1	2	»
Brisquet et Jolicœur, vaudeville en 1 acte	3	1	2	»
Brutus, vaudeville en 1 acte	2	2	1	»
Cameleoni, comédie en 1 acte, en vers	2	2	2	»
Canard et Canardin, folie en 1 acte	2	2	2	»
Le Canonnier convalescent, comédie en 1 acte	3	1	2	»
Cassandre huissier, folie en un acte	3	1	2	»
Une Chaise pour deux, vaudeville en 1 acte	3	1	1	50
La Chambre à coucher, opéra-comique en 1 acte	3	1	2	»
La Chambre verte, comédie-vaudeville en 2 actes	2	2	1	50
La Chatte métamorphosée en femme, op.-b. en 1 a.	2	2	1	»
La Ci-devant jeune femme, comédie-vaud. en 1 a.	2	2	2	»
Colombine mannequin, vaudeville en 1 acte	3	1	2	»
La Colonie, comédie en 2 actes	2	2	2	»
La Cousine supposée, comédie en 1 acte	2	2	2	»
La Demande bizarre, comédie en 1 acte	3	1	2	»
La Demoiselle et la paysanne, comédie en 1 acte	3	1	2	»

Titre	Hommes	Femmes	PRIX
Deux drôles de corps, vaudeville en 1 acte	2	2	1 »
Deux femmes contre un homme, vaudeville en 1 acte	2	2	2 »
Les Deux Jocrisses ou le Commerce à vau-l'eau, v. 1 a.	3	1	2 »
Les Deux Loups de mer, vaudeville en 1 acte	2	2	2 »
Les Deux Maris, comédie en 1 acte	2	2	2 »
Les Deux Pierrots, vaudeville en 1 acte	3	1	1 »
Les Deux Voleurs, vaudeville en 1 acte	3	1	1 »
Le Dîner de Madelon, vaudeville en 1 acte			»
Le Divorce, comédie en 2 actes			»
Le Docteur Quinquina, vaudeville en 1 acte			»
Un Doigt de vin, vaudeville en 1 acte	2	2	50
Le Double Divorce, comédie en 1 acte	2	2	»
Drelin-din-din ou le Carillonneur de la Samaritaine, vaudeville en 1 acte	2	2	»
Le Duel, comédie en 1 acte	2	2	»
Du Pain, s'il vous plaît, comédie en 1 acte	2	2	»
Ecorce russe et cœur français, vaudeville en 1 acte			»
L'éducation d'Ernestine, coméd.-vaud. en 1 acte			»
Les Ensorcelées, vaudeville en 1 acte			»
L'Epilogue, drame en un acte			»
Les Epoux de 15 ans, comédie-vaudeville en 1 acte			»
Les Epreuves, comédie en 1 acte			»
L'Esclave du Camoëns, opéra-comique en 1 acte			»
L'Eté de la Saint-Martin, vaudeville en 1 acte			»
Le Faux Duel, comédie en 1 acte			»
La Femme romanesque, comédie en 1 acte			»
La Fille de Dominique, vaudeville en 1 acte			»
Le Fils du Bravo, vaudeville en 1 acte			50
Forioso à Bourges, vaudeville en 1 acte			»
Galuchon, opéra-comique en 1 acte			»
Le Gardien, vaudeville en 2 actes			»
Un Gendre en mi bémol, vaudeville en 1 acte	2		»
Gilles en deuil, vaudeville en 1 acte	3		»
Gilles ventriloque, folie en 1 acte	3		»
Le Gondolier, vaudeville en 1 acte	2		»
La Grotte des Cévennes, comédie en 2 actes			»
Le Hasard corrigé par l'amour, comédie en 1 acte			»
Une Heure à Calais, vaudeville en 1 acte	2		»
Un Homme comme il faut, opérette-vaud. en 1 acte	3		60
Un Homme sur le gril, vaudeville en 1 acte			»
L'Illusion, drame-lyrique en 1 acte			»
L'Ile de Robinson, vaudeville en 1 acte	2	2	»
Il pleut, comédie en 1 acte	2	2	»
L'Image, comédie-vaudeville en 1 acte	3		»
L'Intrigue à contre-temps, vaudeville en 1 acte	3		30
L'Intrigue dans la hotte, vaudeville en 1 acte	3		»
L'Intrigue en l'air, vaudeville en 1 acte	3		»
Jacqueline Doucette, vaudeville en 1 acte	2		»
Le Jaloux malgré lui, vaudeville en 1 acte	1	3	»
Jeanneton colère, vaudeville en 1 acte	2		»
Jérôme Pointu, comédie en 1 acte	3		»
Le Jeune homme en loterie, comédie-vaud. en 1 a.	2	3	»
La Jeune Hôtesse, comédie en 1 acte, en vers	3		»
La Jeune Indienne, comédie en 1 acte, en vers	3	1	»
La Jolie Fiancée, comédie en 1 acte	3	1	»
La Leçon d'amour, opérette en 1 acte	2	2	»
Madame Veuve Larifla, vaudeville en 1 acte	2	2	»

Titre	Hommes	Femmes	PRIX
Mademoiselle Gaussin, comédie en 1 acte	2	2	2 »
Magdelon, vaudeville en 1 acte	2	2	2 »
Maître Cabochard, vaudeville en 1 acte	2	2	2 »
Maître Palma, vaudeville en 1 acte	3	2	2 »
Manche à manche, comédie-vaudeville en 1 acte	2	2	2 »
La Mansarde du crime, vaudeville en 1 acte	3	1	2 »
Le Mari à l'essai, vaudeville en 1 acte	2	1	1 »
Le Mari au bal, opéra-comique en 1 acte	3	1	2 »
Un Mari dans les Petites-Affiches, op. v. en 1 acte	3	2	» 60
Un Mari du bon temps, vaudeville en 1 acte	2	2	» 50
Un Mari, S. V. P., comédie en 1 acte	3	2	1 »
Le Mari supposé, comédie en 1 acte, en vers	2	2	2 »
Les Mariniers de Saint-Cloud, vaudeville en 1 acte	4	»	2 »
La Martingale ou le Secret de gagner au jeu, v. 1 a.	3	1	2 »
Masque et Visage, vaudeville en 1 acte	1	3	1 »
Le Masque tombé, comédie en 1 acte	3	1	2 »
Le Médecin turc, opéra-bouffe en 1 acte	2	2	2 »
Mémoires de ma tante, vaudeville en 1 acte	1	3	2 »
Mes derniers vingt sous, vaudeville en 1 acte	2	2	1 50
Miel et Vinaigre, vaudeville en 1 acte	2	2	2 »
Mila ou l'Esclave, vaudeville en 1 acte	3	1	1 »
Misère et Gaîté, comédie en 1 acte	3	1	2 »
Mistress Siddons, vaudeville en 2 actes	2	2	» »
Le Modèle, croquis d'atelier en 1 acte	2	2	» »
Les Mœurs ou le Divorce, comédie en 1 acte	3	2	2 »
Un Mois après la noce, vaudeville en 1 acte	3	1	2 »
Le Mur mitoyen ou le Divorce, vaudeville en 1 acte	3	1	2 »
Le Musicien de Valence, vaudeville en 1 acte	3	1	1 50
Nicaise peintre, vaudeville en 1 acte	2	2	2 »
La Nièce de ma tante Aurore, ou la Manie des Romans, comédie en 1 acte, en vers	2	2	2 »
Le Nouveau Sargines, vaudeville en 1 acte	3	1	2 »
La Nuit d'un Joueur, vaudeville en 1 acte	3	1	2 »
La Nuit champêtre, comédie-vaudeville en 2 actes	2	2	2 »
L'Officier enlevé, vaudeville en 1 acte	2	2	2 »
L'Oiseau perdu et retrouvé, opéra-comique en 1 acte	3	1	2 »
Oui ou Non, vaudeville en 1 acte	2	2	» »
Une Paire de pères, vaudeville en 1 acte	3	1	2 »
Le Paletot de l'avare, opérette-vaudeville en 1 acte	3	1	1 »
Le Parachute, vaudeville en 1 acte	3	1	2 »
La Parisienne à Madrid, vaudeville en 1 acte	3	1	2 »
La Partie carrée, comédie-vaudeville en 1 acte	2	2	2 »
La Partie fine, comédie-vaudeville en 1 acte	2	2	2 »
Le Pâté d'anguilles, comédie-vaudeville en 1 acte	2	2	» »
Péché caché, comédie-vaudeville en 1 acte	2	2	» »
La Perle des servantes, vaudeville en 1 acte	3	1	» »
Les Petits souliers, comédie-vaudeville en 1 acte	2	2	2 »
La Petite revue ou Quel mari prendra-t-elle? c.-v. 1 a.	3	1	2 »
La Pièce en perce, comédie-vaudeville en 1 acte	3	1	» »
Pierre et Catherine, opéra-comique en 1 acte	3	1	» »
La Polka, vaudeville en 1 acte	3	1	» »
Les Portraits dramatiques, comédie-vaud. en 1 acte	3	1	1 »
Les Postillons de Crèvecœur, vaudeville en 1 acte	3	1	» »
La Première chanson de Gallet, vaudeville en 1 acte	2	2	1 »
La Première maîtresse, vaudeville en 1 acte	3	1	1 »
La Première ride, vaudeville en 1 acte	2	2	2 »

	Hommes	Femmes	PRIX
La Prima dona ou la Sœur de lait, com.-vaud. 1 acte	2	2	1 50
La Prison de Pompéia, tragédie en 1 acte	2	2	2 »
Le Prisonnier pour dettes, comédie-vaud. en 1 acte	3	1	2 »
Le Protégé, comédie en 1 acte	2	2	1 »
Les Pupilles de la Garde, comédie-vaud. en 1 acte	3	1	1 »
Quatre femmes sur les bras, vaudeville en 1 acte	2	2	2 »
Le Quinze avant midi, vaudeville en 1 acte	2	2	2 »
Qui crève les yeux les paye, vaudeville en 1 acte	2	2	2 »
Retournons à Paris, comédie-vaudeville en 1 acte	2	2	1 »
Rodolphe ou Frère et Sœur, drame en 1 acte	2	2	1 »
Le Roi de carreau, vaudeville en 1 acte	3	1	1 »
Le Roman de la Rose, opéra-comique en 1 acte	1	3	1 »
Le Roman par lettres, comédie en 1 acte	2	2	2 »
Sans tambour ni trompette, vaudeville en 1 acte	3	1	1 »
Le Sculpteur, vaudeville en 1 acte	2	2	1 »
La Seconde année, vaudeville en 1 acte	3	1	1 »
Le Séducteur champenois, comédie-vaud. en 1 acte	2	2	2 »
Simple Histoire, comédie-vaudeville 1 acte	3	1	2 »
Sir John Esbrouff, vaudeville en 1 acte	2	2	1 »
Le Sire de Franc-Boisy, vaudeville en 1 acte	2	2	1 50
Sol-si-ré, pif-pan, vaudeville en 1 acte	3	1	1 »
Le Télégraphe d'amour, comédie en 1 acte	2	2	2 »
La Théâtromanie, comédie-vaudeville en 1 acte	3	2	1 »
Un Tigre du Bengale, vaudeville en 1 acte	2	2	1 50
Un Troisième larron, vaudeville en 1 acte	2	2	1 »
Les Trois oncles ou les Visites, vaudeville en 1 acte	2	2	3 »
Trois pour un secret, vaudeville en 1 acte	3	1	1 »
Trompe-la-Balle, vaudeville en 1 acte	3	1	1 »
Le Troubadour Omnibus, vaudeville en 1 acte	3	1	1 »
Un Vers de Virgile, comédie en 1 acte	3	1	1 »
La Veuve de quinze ans, vaudeville en 1 acte	2	2	2 »
La Vie de garçon, vaudeville en 2 actes	3	1	1 50
La Vieillesse d'une Grisette, vaudeville en 1 acte	2	2	1 »
Le Vieux malin, vaudeville en 1 acte	3	1	2 »
Les Vingt sous de Périnette, vaudeville en 1 acte	3	1	1 »
Le Voisin Bagnolet, vaudeville en 1 acte	2	2	1 »
Le Voyage à Vienne, vaudeville en 1 acte	1	3	1 50
Le Voyage d'une épingle, vaudeville en 1 acte	2	2	1 »

CINQ PERSONNAGES

	Hommes	Femmes	PRIX
Adrienne ou le Diable au corps, com.-vaud. 1 acte	3	2	1 50
L'Album, vaudeville en 1 acte	3	2	1 »
Alfred et Félicie, vaudeville en 1 acte	3	2	2 »
Alice ou l'Ange du foyer, vaudeville en 1 acte	3	2	1 »
L'Amant auteur et valet, comédie en 1 acte	3	2	2 »
L'Amant bossu, vaudeville en 1 acte	3	2	1 »
Les Amants enfoncés, trag.-burl. en 1 acte, en vers	4	1	2 »
L'Ambassadeur, vaudeville en 1 acte	3	2	1 »
Les Amours de Gonesse, opéra-comique en 1 acte	3	2	2 »
L'Amour et l'argent, vaudeville en 1 acte	4	1	2 »
L'Amour et la guerre, vaudeville en 1 acte	4	1	2 »
L'Amour et la Raison, vaudeville en 1 acte	3	2	2 »
L'Amour et le Temps, vaudeville en 1 acte	3	2	2 »
L'Amour et Psyché, vaudeville en 1 acte	4	1	1 »

	Hommes	Femmes	PRIX
L'Ange de ma tante, vaudeville en 1 acte............	3	2	1 »
L'Ange gardien, comédie en 2 actes...............	2	3	2 »
L'Anglais à Bagdad, comédie en 1 acte........	4	1	2 »
Anglais et Français, comédie en 1 acte.............	3	2	2 »
L'Anneau d'argent, comédie en 1 acte.............	2	3	1 »
Un Antécédent, comédie-vaudeville en 1 acte.......	3	2	1 »
L'Art de ne pas donner d'étrennes, vaud. en 1 acte..	3	2	1 »
Les Artisans ou le Lendemain de la Noce, vaud. 1 a.	3	2	2 »
Les Artistes par occasion, comédie en 1 acte	3	2	2 »
L'Aspirant de marine, comédie en 1 acte...........	3	2	2 »
Les Associés, vaudeville en 1 acte................	4	1	1 »
L'Auberge du Lapin blanc, vaudeville en 1 acte....	3	2	1 »
L'Auteur dans son ménage, comédie en 1 acte......	3	2	2 »
L'Autographe, comédie en 1 acte.................	3	2	1 »
L'Aveugle et son bâton, vaudeville en 1 acte.......	3	2	1 50
Les Aveux indiscrets, comédie en 1 acte...........	3	2	2 »
L'Avocat et sa cause, comédie en 1 acte, en vers....	2	3	3 »
La Banqueroute du Savetier, vaudeville en 1 acte...	4	1	2 »
La Belle Allemande, vaudeville en 1 acte..........	3	2	2 »
Le Billet de logement, comédie en 1 acte..........	3	2	2 »
Bobinette, vaudeville en 1 acte...................	3	2	1 50
Boira-t-il encore? comédie-vaudeville en 1 acte....	3	2	2 »
Le Bon Ange, drame-vaudeville en 1 acte..........	3	2	1 »
La Bonne femme, comédie en 1 acte..............	3	2	2 »
Un Bouillon d'onze heures, vaudeville en 1 acte....	3	2	1 »
Les Brigands par amour, vaudeville en 1 acte......	3	2	1 »
Les Brodequins de Lise, vaudeville en 1 acte.......	4	1	1 »
La Brouille et le raccommodement, vaud. en 1 acte.	3	2	2 »
Brueys et Palaprat, comédie en 1 acte, en vers.....	4	1	1 »
Bureau des objets perdus, vaudeville en 1 acte.....	3	2	1 »
Calendrier des Vieillards, comédie en 1 acte.......	4	1	2 »
Le Caporal et la Payse, vaudeville en 1 acte.......	3	2	1 »
Caroline ou le Tableau, comédie en 1 acte.........	4	1	2 »
Cassandre oculiste, folie-vaudeville en 1 acte......	3	2	2 »
Catherine ou la Fille du marin, vaudeville en 1 acte.	4	1	2 »
Catherine ou le Moulin et le Château, c.-v. en 1 a..	3	2	2 »
Le Cavalier servant, comédie en 1 acte............	3	2	2 »
Les Cent écus, drame burlesque en 1 acte.........	3	2	2 »
Les Cent louis, comédie en 1 acte................	3	2	2 »
Céphise ou l'Erreur de l'esprit, comédie en 1 acte...	3	2	2 »
C'est la même, comédie en 1 acte.................	2	3	2 »
Chambre à louer, comédie en 1 acte..............	4	1	1 »
Changée en nourrice, comédie-vaudeville en 2 actes..	3	2	2 »
Changement d'uniforme, vaudeville en 1 acte......	3	2	1 »
La Chanoinesse, opéra-comique en 1 acte.........	3	2	1 »
Le Chapeau gris, comédie-vaudeville en 1 acte.....	3	2	1 »
Un Chapitre de Balzac, vaudeville en 2 actes......	3	2	1 50
Chasse aux Loups, vaudeville en 1 acte...........	4	1	2 »
Château de Chambord, vaudeville en 1 acte.......	4	1	2 »
Château de la Poularde, vaudeville en 1 acte......	4	1	2 »
Le Chevalier d'honneur, vaudeville en 1 acte......	3	2	2 »
Le Chevalier de Servigny, comédie en 1 acte, en vers.	3	2	1 »
Un Cheveu blond, comédie-vaudeville en 1 acte....	3	2	1 »
Les Chiffonniers et les Balayeurs, tr. burl. en 1 a...	4	1	1 50
Les Circonstances atténuantes, vaudeville en 1 acte.	3	2	1 »
La Clef forée, vaudeville en 1 acte................	4	1	2 »
Clément Marot, vaudeville en 1 acte..............	4	1	2 »

Titre	Hommes	Femmes	PRIX
Clermont ou Une Femme d'artiste, vaud. en 2 actes.	3	2	1 »
Un Cœur de Mère, comédie-vaudeville en 1 acte....	2	3	1 »
Un Cœur de Mère, vaudeville en 2 actes.	3	3	1 50
Le Coffre-fort, vaudeville en 1 acte.	3	2	1 »
Le Colleur, vaudeville en 1 acte.	3	2	1 »
Le Comédien de Poitiers, vaudeville en 1 acte.	2	1	2 »
Le Compagnon d'infortune, vaudeville en 1 acte....	4	1	2 »
Le Comte Ory, vaudeville en 1 acte.	4	2	2 »
Les Comptes de tutelle, vaudeville en 1 acte.	3	2	2 »
Le Concert à la Cour, opéra-comique en 1 acte.	3	2	2 »
Les Confessions du Vaudeville, vaudeville en 1 acte	4	1	2 »
La Confiance trahie, comédie en 1 acte.	3	2	2 »
Le Conscrit, vaudeville en 1 acte.	3	3	1 »
Le Consentement forcé, comédie en 1 acte.	3	2	2 »
La Consigne, comédie-vaudeville en 1 acte.	3	2	1 50
Les Contrastes, comédie en 1 acte.	3	1	1 »
Le Copiste, comédie en 1 acte.	4	1	1 »
Le Cousin Frédéric, vaudeville en 1 acte.	2	2	» »
Une Coutume russe, vaudeville en 1 acte.	3	2	2 »
La Créancière, comédie-vaudeville en 2 actes.	3	2	2 »
Le Crescendo, vaudeville en 1 acte.	3	2	2 »
Cric-crac ou l'Habit de garçon, vaudeville en 1 acte	3	2	1 »
La Croisée de Berthe, comédie-vaudeville en 1 acte.	5	3	1 »
La Croix d'or, comédie-vaudeville en 2 actes.	3	3	1 50
Une Dame de l'Empire, vaudeville en 1 acte.	2	3	1 50
Les Dames patronesses, vaudeville en 1 acte.	2	3	2 »
Le Débutant, comédie en 1 acte.	3	2	1 »
De Deux heures à quatre heures, vaud. en 1 acte.	3	2	1 50
De l'or ou le Rêve d'un savant, vaudeville en 1 acte.	3	2	2 »
La Demoiselle et la Dame, vaudeville en 1 acte.	3	2	2 »
La Demoiselle majeure, vaudeville en 1 acte.	3	2	1 50
Le Dénoûment en l'air, folie en 1 acte.	3	1	» »
Le Dernier de la famille, vaudeville en 1 acte.	3	3	» »
Un Dernier jour de fortune, comédie-vaud. en 1 acte	3	2	» »
Le Dernier jour d'un condamné, comédie en 1 acte.	4	2	» »
Les Détenus, vaudeville en 1 acte.	4	1	» »
Les Deux Aveugles, comédie en 1 acte.	4	1	» »
Deux contre Deux, vaudeville en 1 acte.	2	2	1 »
Les Deux Coupables, vaudeville en 1 acte.	3	2	1 50
Les Deux Créoles, vaudeville en 2 actes.	5	2	2 »
Deux de moins, vaudeville en 1 acte.	3	2	2 »
Les Deux font la paire ou les Bottes de foin, c. 1 a.	5	»	» »
Les Deux font la paire, vaudeville en 1 acte.	3	2	» »
Les Deux Factions, vaudeville en 1 acte.	3	2	» »
Les Deux Maîtresses, vaudeville en 1 acte.	4	2	» »
Les Deux Normands, vaudeville en 1 acte.	3	1	1 »
Les Deux Pères, vaudeville en 2 actes.	4	1	2 »
Deux pour un, vaudeville en 1 acte.	4	1	» »
Les Deux Tuiles, vaudeville en 1 acte.	3	2	» »
Didier l'honnête homme, vaudeville en 2 actes.	4	2	1 »
Le Dinde du Mans, comédie en 1 acte.	3	2	» »
Le Docteur Robin, vaudeville en 1 acte.	3	2	» »
Dominique ou le Vinaigrier, comédie en 1 acte.	4	2	» »
Don Pasquale, vaudeville en 1 acte.	3	1	2 »
La Dot de Suzette, vaudeville en 1 acte.	3	2	2 »
Le Double stratagème, comédie en 1 acte.	3	2	» »
Un Dragon à la mamelle, vaudeville en 2 actes.	3	2	1 »

	Hommes	Femmes	PRIX	
Les Droits de la femme, comédie en 1 acte, en vers..	4	1	2	»
Les Droits de la femme, comédie en 1 acte............	3	2	1	50
Du Belloy, vaudeville en 1 acte.....................	4	1	2	»
Le Duel et le Déjeuner, vaudeville en 1 acte.........	4	1	2	»
Le Duel impossible, comédie en 1 acte...............	4	2	2	»
La Dugazon, comédie-vaudeville en 1 acte............	3	2	2	»
L'Ecole amoureuse, comédie en 1 acte, en vers.......	4	2	2	»
L'Ecossais de Chaton, opéra-bouffe en 1 acte........	3	2	2	»
L'Ecrivain public, vaudeville en 1 acte..............	3	1	2	»
L'Ecu de six, vaudeville en 1 acte...................	4	1	2	»
Edmond et Caroline, comédie en 1 acte...............	3	2	2	»
Les Elèves du Conservatoire, vaudeville en 1 acte...	1	4	2	»
Emilie ou les Femmes, comédie en 1 acte............	2	3	2	»
Entre l'arbre et l'écorce, vaudeville en 1 acte........	3	2	2	»
L'Epée et le billet, vaudeville en 1 acte..............	2	3	2	»
L'Ermite et la Pèlerine, vaudeville en 1 acte.........	3	2	2	»
L'Espiègle, comédie en 2 actes.....................	4	1	2	»
Estelle, vaudeville en 1 acte........................	4	1	2	»
L'Epreuve délicate, comédie en 1 acte, en vers.......	3	2	2	»
Les Etourdis en voyage, vaudeville en 1 acte........	2	3	2	»
Fagotin, vaudeville en 1 acte.......................	2	2	2	»
La Famille des innocents, vaudeville en 1 acte.......	3	2	2	»
La Famille mélomane, vaudeville en 1 acte...........	4	1	2	»
Farinelli, vaudeville en 1 acte......................	3	2	2	»
Le Fat de village, vaudeville en 1 acte...............	3	2	2	»
Les Fausses infidélités, comédie en 1 acte, en vers...	3	2	2	»
Faut-il des époux assortis? comédie en 1 acte.......	3	2	2	»
Une Faute par amour, comédie en 1 acte............	3	2	2	»
Le Faux Mentor, comédie en 1 acte, en vers.........	3	2	2	»
La Fée Cocotte, vaudeville en 1 acte................	3	2	2	»
La Femme de 45 ans, vaudeville en 1 acte...........	2	3	2	»
Une Femme qui n'y est pas, vaudeville en 1 acte....	4	1	1	50
Les Femmes rivaux, vaudeville en 1 acte............	2	3	2	»
La Fermière d'Arcueil, vaudeville en 1 acte..........	4	1	2	»
Feu Peterscott, vaudeville en 2 actes...............	4	2	2	»
La Fiancée du fleuve, vaudeville en 2 actes..........	3	2	2	»
La Fille d'un voleur, vaudeville en 1 acte...........	4	1	2	»
La Fille Jockei, vaudeville en 1 acte................	4	1	2	»
La Fille Mousquetaire, vaudeville en 1 acte..........	3	2	2	»
Une Fille Terrible, vaudeville en 1 acte.............	2	3	2	»
Le Fils de Triboulet, vaudeville en 1 acte............	3	2	2	»
Le Fils d'un agent de change, vaudeville en 1 acte..	3	2	1	50
Un Fils, S. V. P., vaudeville en 1 acte..............	3	2	1	50
La Fin du monde, vaudeville en 1 acte..............	3	2	2	»
Le Fin Mot, vaudeville en 1 acte...................	3	2	2	»
La Foire de Londonderry, vaudeville en 1 acte......	4	1	2	»
La Forêt Noire, vaudeville en 1 acte................	4	1	2	»
Les Français à Vienne, comédie en 1 acte............	2	3	2	»
Le Franc Marin, vaudeville en 1 acte...............	3	2	2	»
Les Fredaines de Troussard, vaudeville en 1 acte....	3	2	2	»
Frère et Mari, vaudeville en 1 acte..................	3	2	2	»
La Gageure inutile, vaudeville en 1 acte.............	3	2	2	»
Le Garçon parfumeur, vaudeville en 1 acte..........	3	2	2	»
La Grand'-Maman, comédie en 1 acte...............	3	2	2	»
La Grande Dame, drame en 2 actes................	3	2	2	»
Grivois la Malice, vaudeville en 1 acte..............	4	2	2	»

	Hommes	Femmes	PRIX
Une Guitare au violon, comédie-vaudeville en 1 acte.	3	2	1 »
Les Héros de cuisine, trag. burl. en 1 acte, en vers..	3	2	2 »
Une Heure de mariage, opéra-comique en 1 acte....	3	2	1 »
Une Heure de mariage, comédie en 1 acte........	3	2	1 »
Une Heure dans l'autre monde, folie en 1 acte......	3	2	1 »
Heureusement, comédie en 1 acte, en vers.........	4	1	2 »
L'Heureuse nouvelle, comédie en 1 acte...........	4	1	2 »
L'Homme aux souris, vaudeville en 1 acte.........	3	1	2 »
Un Homme sanguin, vaudeville en 1 acte..........	4	1	1 »
L'Hôtel en vente, vaudeville en 2 actes...........	4	2	2 »
L'Hôtel garni, comédie en 1 acte................	3	2	2 »
Le Hussard, vaudeville en 1 acte................	4	1	2 »
L'Idée du mari, comédie-vaudeville en 1 acte......	3	2	1 »
Une Idée de médecin, comédie en 1 acte..........	3	2	1 50
Les Infidélités, vaudeville en 1 acte..............	3	2	2 »
L'Ingénue de Brives-la-Gaillarde, vaudeville en 1 acte	3	2	2 »
L'Insouciant, vaudeville en 1 acte...............	3	2	2 »
Intérieur d'un bureau, vaudeville en 1 acte.......	4	1	2 »
Intrigues du carrefour ou les Amours de Pommadin, vaudeville en 1 acte...................	3	2	2 »
Isabelle et Gertrude, comédie en 1 acte..........	2	3	2 »
Jacquot, vaudeville en 1 acte...................	3	2	1 »
Le Jaloux, comédie-vaudeville en 1 acte..........	3	2	2 »
Le Jaloux corrigé, comédie en 1 acte, en vers....	4	1	2 »
La Jardinière de Vincennes, comédie en 1 acte....	3	2	2 »
Je serai comédien, comédie en 1 acte............	3	2	1 »
Les Jeunes bonnes et les Vieux garçons, vaud. 1 a.	3	2	2 »
La Jeune femme colère, comédie en 1 acte.......	3	2	1 »
Le Jeune homme enlevé, comédie en 1 acte......	3	2	1 »
Le Jeune père, vaudeville en 1 acte.............	3	2	2 »
La Jeune tante, comédie en 1 acte..............	3	2	2 »
Le Jeune Werther, comédie en 1 acte...........	2	3	2 »
La Jeune veuve, comédie en 1 acte, en vers.....	2	3	2 »
Le Jockey, comédie en 1 acte...................	3	2	2 »
Jocrisse maître et Jocrisse valet, vaudeville en 1 acte	3	2	1 »
Jocrisse grand-père, Jocrisse fils et Jocrisse petit-fils, comédie-vaudeville en 1 acte................	4	1	2 »
Un Jour à Rome ou le Jeune Homme en loterie, comédie-vaudeville en 1 acte.................	3	2	2 »
La Journée de Saint-Cloud, vaudeville en 1 acte...	4	1	2 »
Judith, vaudeville en 2 actes....................	3	2	2 »
La Léocadie de Pantin, vaudeville en 1 acte......	4	1	2 »
Léona ou le Parisien en Corse, vaudeville en 2 actes.	3	2	2 »
Le Leycester du Faubourg, vaudeville en 1 acte....	3	2	1 »
La Loi de Jatab ou le Turc à Paris, c. 1 a. en vers..	4	1	2 »
Louis XI en goguette, vaudeville en 1 acte.......	3	2	2 »
Lui-même, comédie en 1 acte...................	3	2	2 »
La Lune rousse, vaudeville en 1 acte............	2	3	1 »
Madame Basile, vaudeville en 1 acte............	3	2	2 »
Madame de Bois-Robert, vaudeville en 2 actes....	3	2	1 50
Madame de Brienne, drame en 2 actes..........	3	2	1 »
Madame de Saint-Agnès, vaudeville en 1 acte.....	3	2	2 »
Madelon ou le Repentir d'une danseuse, v. en 1 acte.	4	1	2 »
Mademoiselle Aïssé, vaudeville en 1 acte.........	2	3	2 »
Mademoiselle Desgarcins, vaudeville en 1 acte....	3	2	1 »
Mademoiselle Gertrude, comédie en 1 acte	3	2	2 »

	Hommes	Femmes	PRIX	
Mademoiselle Lange, vaudeville en 2 actes	2	3	2	»
Mademoiselle Marguerite, vaudeville en 1 acte	3	2	1	50
Mademoiselle Musard, comédie en 1 acte	3	2	2	»
Ma femme et mon parapluie, vaudeville en 1 acte	4	1	1	»
Maison à vendre, vaudeville en 1 acte	3	2	1	»
Maître Frontin, vaudeville en 1 acte	4	1	2	»
Le Mannequin de Bergame, bouff. en 1 acte	3	2	2	»
Les Manteaux, vaudeville en 2 actes	3	2	2	»
La Marchande de goujons, vaudeville en 1 acte	3	2	2	»
Le Mari d'emprunt, opéra-comique en 1 acte	3	2	2	»
Maria ou la Demoiselle de Compagnie, c. 1 a. en vers	2	3	2	»
Un Mariage à rompre, comédie-vaudeville en 1 acte	4	1	2	»
Un Mariage corse, comédie-vaudeville en 1 acte	4	1	2	»
Mariage du ci-devant jeune homme, c. en 1 a. en vers	3	2	2	»
Le Mariage extravagant, vaudeville en 1 acte	4	1	1	»
Le Mariage par imprudence, opéra-com. en 1 acte	3	2	2	»
Marie, drame en 1 acte	3	2	2	»
Mari à l'encan ou le Gentil Faucheur, v. en 1 acte	3	2	2	»
Un Mari pont-neuf, comédie-vaudeville en 1 acte	3	2	2	»
La Marjolaine, vaudeville en 2 actes	3	2	2	»
La Marquise de Pretintailles, vaudeville en 1 acte	3	2	2	»
La Marraine, vaudeville en 1 acte	3	2	1	»
Le Mauvais œil, opéra-comique en 1 acte	4	1	2	»
Le Mauvais sujet, drame en 1 acte	4	1	1	»
Médecine sans médecin, opéra-comique en 1 acte	3	2	2	»
Melcourt et Verseuil, comédie en 1 acte, en vers	3	2	2	»
Le Ménage du savetier, vaudeville en 1 acte	3	2	1	»
Le Mendiant, vaudeville en 1 acte	3	2	2	»
Le Mensonge officieux, comédie en 1 acte	3	2	2	»
Le Menuet de Danaé, comédie-vaudeville en 1 acte	4	1	1	»
La Méprise volontaire, comédie en 1 acte	3	2	2	»
Michel-Ange, opéra-comique en 1 acte	3	2	2	»
Milton, opéra-comique en 1 acte	3	2	2	»
1760 ou une Matinée de grand seigneur, comédie en 1 acte, en vers	3	2	1	»
Minuit, comédie en 1 acte	2	3	2	»
Le Misanthrope et l'Auvergnat, vaudeville en 1 acte	3	2	1	»
Misgoton, comédie burlesque en 3 actes, en vers	4	1	2	»
Moiroud et Cie, vaudeville en 1 acte	3	2	1	»
Mon ami Babolin, vaudeville en 1 acte	3	2	1	»
Mon ami Cléobule, vaudeville en 1 acte	3	2	2	»
Mon bonnet de nuit, vaudeville en 1 acte	3	2	2	»
Mon illustre Ami, comédie-vaudeville en 1 acte	3	2	1	»
Mon Rival, vaudeville en 1 acte	4	1	2	»
Monsieur Acker, comédie en 1 acte	3	2	1	»
Monsieur Beldam, ou la Femme sans le savoir, v. 1 a.	4	1	2	»
Un Monsieur bien mis, vaudeville en 1 acte	3	2	1	»
Monsieur Chapolard, vaudeville en 1 acte	2	3	2	»
Monsieur de Bièvre ou l'Abus de l'esprit, v. en 1 a.	3	2	2	»
Monsieur Lagobe ou un Tour de Carnaval, v. en 1 a.	4	1	2	»
Monsieur Lerond, vaudeville en 1 acte	3	2	2	»
Monsieur Mouton ou le Déjeuner d'un marchand de laines, vaudeville en 1 acte	2	3	2	»
La Mort de Bucéphale, trag. burl. en 1 acte, en vers	4	1	2	»
Le Mot de l'énigme, vaudeville en 1 acte	3	2	2	»
Nicaise, opéra-comique en 1 acte	3	2	2	»

	Hommes	Femmes	PRIX
Ni l'un ni l'autre, vaudeville en 1 acte..............	3	2	2 »
Ninette à la cour, vaudeville en 2 actes.............	3	2	2 »
Le Noctambule, vaudeville en 1 acte...............	3	2	2 »
Nouveaux jeux de l'amour et du hasard, o.-v. en 1 a.	3	2	1 »
Nouvelles d'Espagne, comédie en 1 acte............	3	2	1 »
Les Nouvelles Métamorphoses, vaudeville en 1 acte..	4	1	2 »
La Nuit de Noël ou les Superstitions, com. en 1 acte	3	2	2 »
Une Nuit terrible, vaudeville en 1 acte.............	3	2	2 »
L'Œil de verre, comédie en 1 acte.................	4	1	2 »
L'Oiseleur et le Pêcheur, vaudeville en 1 acte......	4	1	2 »
L'Omelette fantastique, vaudeville en 1 acte........	2	3	1 »
L'Oncle d'Amérique, vaudeville en 1 acte..........	3	2	1 »
L'Oncle modèle, vaudeville en 1 acte..............	3	2	1 »
On respire, opéra-comique en 1 acte...............	4	1	2 »
Oscar ou le Mari qui trompe sa femme, com. en 3 a.	3	2	1 »
Oui et Non, comédie-vaudeville en 2 actes.........	4	1	2 »
Où sont les pincettes ? vaudeville en 1 acte........	4	1	1 »
Les Pages de Bassompierre, comédie en 1 acte......	3	2	1 50
Page et Pensionnaire, comédie en 1 acte...........	2	3	1 50
La Papesse Jeanne, vaudeville en 1 acte...........	3	2	2 »
Le Papillon jaune et bleu........................	3	2	1 »
Pâquerette, vaudeville en 1 acte..................	3	2	1 »
Le Parlementaire, comédie-vaudeville en 1 acte.....	4	1	2 »
Les Paroles et la Musique, comédie-vaud. en 1 acte.	4	1	2 »
Une Passion, vaudeville en 1 acte.................	3	2	1 »
La Pauvre femme, comédie en 1 acte..............	3	2	1 »
Pauvre Jacques, vaudeville en 1 acte..............	4	1	1 »
La Peau de l'Ours, folie en 1 acte.................	4	1	2 »
Un Péché de Jeunesse, vaudeville en 1 acte........	3	2	1 »
Le Peintre et le Courtisan, vaudeville en 1 acte.....	4	1	2 »
Pendu ou Marié, vaudeville en 1 acte.............	3	2	1 50
La Pensionnaire mariée, vaudeville en 1 acte.......	3	2	2 »
Le Père Pascal, vaudeville en 2 actes..............	3	2	1 »
La Périchole, comédie-vaudeville en 1 acte.........	4	1	2 »
La Perle de Marienbourg, vaudeville en 2 actes.....	3	2	2 »
La Permission de 10 heures, vaudeville en 1 acte...	3	2	1 »
Les Pessimistes, comédie en 1 acte, en vers........	3	2	2 »
Le Petit courrier, comédie-vaudeville en 2 actes....	3	2	2 »
La Petite Babet, comédie-vaudeville en 1 acte......	3	2	2 »
La Petite Fille, comédie-vaudeville en 1 acte.......	3	2	1 »
La Petite Métromanie, comédie-vaudeville en 1 acte	4	1	2 »
Les Peuples au cabaret, vaudeville en 1 acte.......	4	1	2 »
Plus de Jeudi, comédie-vaudeville en 2 actes.......	2	3	2 »
Plus de Loterie, comédie-vaudeville en 1 acte......	3	2	2 »
Les Polétais, vaudeville en 2 actes................	3	2	1 »
Pont de Veyle ou le Bonnet du docteur, vaud. en 1 a.	4	1	2 »
Le Porc-épic de Charles-Quint, vaudeville en 1 acte	3	2	1 50
Le Portrait de Fielding, comédie en 1 acte.........	3	2	2 »
Une Position délicate, comédie en 1 acte..........	3	2	2 »
La Poupée ou l'Ecolier en bonne fortune, d. en 1 acte	3	2	1 »
Le Pour et le Contre, comédie en 1 acte...........	3	2	2 »
Pour ma mère ! dr.-vaud. en 1 acte...............	3	2	2 »
La Préface et le Commentaire, comédie en 1 acte...	4	1	2 »
Les Premières amours, comédie-vaudeville en 1 acte	4	1	1 »
La Première cause ou le Jeune Avocat, c.-v. en 1 a.	4	1	2 »
Le Premier homme du monde ou la Création du domicile, folie en 1 acte........................	4	1	2 »

	Hommes	Femmes	PRIX	
La Présence d'esprit, comédie en 1 acte	2	3	2	»
Le Prince Charmant, comédie en 1 acte	3	2	1	»
Prisonnier d'une femme, vaudeville en 1 acte	6	2	2	»
Prisonnière, comédie en 1 acte	4	1	2	»
Les Projets de divorce, comédie en 1 acte, en vers	3	2	2	»
Les Projets de mariage, comédie en 1 acte	4	1	1	»
La Protectrice, comédie en 1 acte	3	2	2	»
Le Quaker et la Danseuse, vaudeville en 1 acte	4	1	1	»
Quand l'amour s'en va, comédie en 1 acte	2	3	1	»
La Quarantaine, vaudeville en 1 acte	4	1	2	»
Un Quart d'heure d'un sage, comédie-vaud. en 1 acte	3	3	2	»
Le Quaterne, vaudeville en 1 acte	4	1	2	»
Quatre-vingt-dix-neuf moutons et un Champenois, vaudeville en 1 acte	3	2	1	»
Quitte ou double, comédie-vaudeville en 2 actes	3	2	1	50
Quitte pour la peur, comédie-vaudeville en 1 acte	2	3	2	»
Ravel en voyage, vaudeville en 1 acte	3	2	1	»
Rebecca, vaudeville en 2 actes	3	2	1	»
La Reine de 16 ans, comédie-vaudeville en 2 actes	3	2	1	»
Le Rendez-vous, comédie-vaudeville en 1 acte	3	2	2	»
Les Rentiers, comédie en 1 acte	4	1	2	»
Le Retour de Stanislas, comédie-vaudeville en 1 acte	4	1	2	»
La Revanche forcée, comédie en 1 acte	3	2	2	»
Le Rêve, opéra-comique en 1 acte	3	2	2	»
Le Rêve du mari, comédie en 1 acte en vers	2	3	2	»
Rigoletti, vaudeville en 1 acte	4	1	1	»
Les Rivaux d'eux-mêmes, comédie en 1 acte	3	2	1	»
Les Rivaux impromptus, comédie-vaudeville en 1 acte	3	2	2	»
Le Roman de la pension	3	2	1	»
Le Roman nouveau, comédie-vaudeville en 1 acte	3	2	2	»
La Romance et le Portrait, comédie en 1 acte	3	2	2	»
La Ruse d'un jaloux, comédie en 1 acte	3	2	2	»
Les Sabotiers, comédie en 1 acte	4	1	2	»
S'aimer sans y voir, vaudeville en 1 acte	3	2	1	»
Une Saint-Hubert, comédie en 1 acte, en vers	3	2	1	»
Sainte-Périne, comédie-vaudeville en 1 acte	3	2	2	»
Le Sansonnet, comédie-vaudeville en 1 acte	3	2	2	»
La Sarabande du Cardinal, comédie-vaud. en 1 acte	3	2	1	»
Schabaham II, vaudeville en 1 acte	4	1	1	»
Schubry, vaudeville en 1 acte	2	3	1	50
Le Secret, opéra-comique en 1 acte	3	2	2	»
Le Secret d'Etat, comédie-vaudeville en 1 acte	3	2	2	»
Le Secret d'une mère, vaudeville en 1 acte	3	2	2	»
Les Sénateurs, comédie-vaudeville en 1 acte	3	2	2	»
La Servante ou la Rose et le baiser, c.-v. en 1 acte	2	3	2	»
La Servante du curé, vaudeville en 1 acte	4	1	1	»
Le Singe du voleur ou Jocrisse victime, folie en 1 acte	3	2	2	»
La Sœur de Jocrisse, vaudeville en 1 acte	3	2	1	»
Le Soldat et le Perruquier, vaudeville en 1 acte	4	1	2	»
Le Soldat et le Vigneron, vaudeville en 1 acte	3	2	2	»
La Somnambule mariée, vaudeville en 1 acte	3	2	2	»
Le Soprano, comédie-vaudeville en 1 acte	3	2	2	»
Le Soufflet conjugal, comédie-vaudeville en 1 acte	3	1	2	»
Le Soupçon, comédie en 1 acte	3	2	2	»
Souvenirs de la marquise de V***, comédie en 1 acte	3	2	2	»
Un Suicide à l'encre rouge, vaudeville en 1 acte	3	2	1	50

	Hommes	Femmes	PRIX
La Suicidomanie, vaudeville en 1 acte.............	3	2	2 »
Suite du Folliculaire ou l'Article en suspens, v. 1 a...	3	2	2 »
La Suite d'un bal masqué, comédie en 1 acte.......	2	3	1 »
Suites d'une séparation, vaudeville en 1 acte.......	3	2	2 »
Le Sultan du Havre, vaudeville en 1 acte.........	4	1	2 »
Les Surprises, comédie-vaudeville en 1 acte.......	2	3	2 »
La Tapisserie, folie en 1 acte...................	3	2	2 »
La Tentation de Maître Antoine, com.-v. en 1 acte..	3	2	1 »
Théophile ou Ma Vocation, comédie-vaud. ...	2	3	2 »
Toujours ou l'Avenir d'un fils, vaudeville en 1 acte..	2	3	2 »
Un Tour de jeune homme, comédie-vaud. en 1 acte..	3	2	1 »
Un Trait d'Helvétius, comédie-vaudeville en 1 acte..	3	2	2 »
35 ans de bail, comédie en 1 acte...............	2	3	2 »
Le Trésor supposé, comédie en 1 acte.............	3	2	2 »
Trilby ou le Lutin d'Argaïl, comédie-vaud. en 1 acte.	3	2	1 50
Les Trois beaux-pères, vaudeville en 1 acte.......	3	2	1 »
Les Trois Fanchon, vaudeville en 1 acte..........	3	2	2 »
Les Trois manières, comédie en 1 acte, en vers.....	3	2	2 »
Trois œufs dans un panier, vaudeville en 1 acte.....	3	2	1 50
Trop heureuse, comédie-vaudeville en 1 acte......	2	3	1 50
Le Turc de la rue Saint-Denis, com.-vaud. en 1 acte	3	2	2 »
Le Tuteur fanfaron, comédie en 1 acte, en vers.....	2	3	2 »
L'Une pour l'autre, comédie en 1 acte............	3	2	1 »
Valérie, comédie en 3 actes....................	3	2	1 »
Les Valets de campagne, vaudeville en 1 acte.......	3	2	2 »
Le Veau d'or, vaudeville en 2 actes..............	4	1	1 »
La Veille de noce, comédie en 1 acte.............	3	2	2 »
La Veillée, opéra-comique.....................	2	3	1 50
La Vengeance, comédie en 1 acte, en vers.........	2	3	2 »
La Vengeance de Pistache, vaudeville en 1 acte.....	2	3	1 »
La Vérité dans le vin, vaudeville en 1 acte.........	3	2	2 »
Veuve et Garçon, vaudeville en 1 acte............	3	2	2 »
La Veuve du Malabar, vaudeville en 1 acte........	3	2	2 »
Les Vieux fous, opéra-comique en 1 acte..........	3	2	2 »
Le Vieux locataire, comédie-vaudeville en 1 acte....	3	2	2 »
La Ville neutre, vaudeville en 1 acte.............	4	1	2 »
Les Vingt mille francs, drame en 1 acte...........	3	2	2 »
Une Visite en prison, vaudeville en 1 acte.........	4	1	2 »
Vive le Divorce, comédie-vaudeville en 1 acte......	3	2	2 »
Vol-au-vent ou le Pâtissier d'Asnières, v. en 1 a....	3	2	2 »
Zoé ou la Pauvre petite, comédie en 1 acte.........	3	2	2 »

SIX PERSONNAGES

	Hommes	Femmes	PRIX
Adèle ou les Métamorphoses, comédie en 1 acte...	4	2	2 »
Adieux au comptoir, vaudeville en 1 acte.........	4	2	2 »
Une Affaire d'honneur, comédie-vaudev. en 1 acte	4	2	2 »
Agenor le Dangereux........................	4	2	1 »
Agnès de Chaillot, vaudeville en 1 acte...........	4	2	2 »
Allez voir Dominique, vaudeville en 1 acte.......	4	2	2 »
L'Amant somnambule, vaudeville en 1 acte.......	4	2	2 »
L'Amitié des femmes, comédie en 1 acte, en vers..	2	4	2 »
Les Amours de Paris, comédie en 2 actes.........	4	2	2 »
Les Amours au village, vaudeville en 1 acte......	2	4	2 »
Amour et Coquetterie, comédie en 1 acte.........	3	3	2 »
...dré, comédie en 2 actes.....................	4	2	2 »

	Hommes	Femmes	PRIX
André, comédie-vaudeville en 1 acte..............	4	2	2 »
Angéline ou la Champenoise, com.-vaud. en 1 acte.	4	2	2 »
Les Anglais supposés, comédie en 1 acte.........	4	2	2 »
Les Anglaises pour rire, vaudeville en 1 acte......	4	2	1 »
Anna, comédie en 1 acte........................	3	3	2 »
Anneau de Gygès, comédie en 1 acte............	4	2	2 »
L'Anneau de la marquise, comédie-vaud. en 1 acte	4	2	1 »
L'Antichambre d'un médecin, comédie en 1 acte...	5	1	2 »
L'Apollon du Belvédère, comédie en 1 acte.......	4	2	2 »
A qui la mèche ? vaudeville en 1 acte...........	3	3	1 »
Arlequin journaliste, vaudeville en 1 acte.........	4	2	2 »
Article 213, vaudeville en 1 acte................	5	2	1 »
L'Artiste, vaudeville en 1 acte...................	4	1	1 »
L'Assassin, folie-vaudeville en 1 acte............	4	2	2 »
A-t-il perdu ? comédie en 1 acte................	4	2	2 »
L'Auberge de Calais, comédie en 1 acte..........	4	2	2 »
L'Auteur d'un moment, vaudeville en 1 acte......	4	2	2 »
L'Auteur mort et vivant, comédie en 1 acte......	4	2	2 »
L'Autre part du Diable, vaudeville en 1 acte.....	4	2	1 »
L'Auvergnat, vaudeville en 1 acte	4	2	2 »
L'Avare en goguette, vaudeville en 1 acte........	4	2	1 »
Une Aventure de Plombières, vaudeville en 1 acte.	4	2	1 »
L'Avoué et le Normand, vaudeville en 1 acte.....	4	2	1 »
Babiole et Joblot, vaudeville en 1 acte...........	4	2	1 »
Baboukin, vaudeville en 1 acte..................	5	1	2 »
Bagatelle, vaudeville en 1 acte..................	8	3	2 »
Le Baiser au porteur, vaudeville en 1 acte.......	3	3	2 »
Le Bal d'ouvriers, vaudeville en 1 acte...........	3	3	1 »
Un Bal en robe de chambre, vaudeville en 1 acte.	3	3	1 »
Barberousse et Barbenoire, vaudeville en 1 acte..	4	2	2 »
Le Baron allemand, vaudeville en 1 acte.........	5	1	2 »
Les Battus paient l'amende, folie-vaud. en 1 acte.	4	2	2 »
Le Beau-frère, vaudeville en 1 acte..............	3	3	2 »
La Belle-fille, vaudeville en 1 acte...............	4	2	2 »
Berquin, vaudeville en 1 acte...................	5	1	2 »
Biribi le Mazourkiste, vaudeville en 1 acte.......	4	2	1 50
Bocquet père et fils, comédie-vaudeville en 2 actes	4	2	3 »
Boileau à Auteuil, comédie en 1 acte.............	4	2	2 »
Le Bon papa, comédie en 1 acte.................	8	8	2 »
Le Bonheur en bouteille, comédie-vaud. en 1 acte.	4	2	1 50
La Bonne sœur, comédie en 1 acte..............	5	1	2 »
Le Bouquet de bal, comédie en 1 acte...........	4	2	2 »
Les Brigands des Alpes, vaudeville en 1 acte.....	3	8	2 »
Brouette à vendre, vaudeville en 1 acte..........	4	2	2 »
Budget d'un jeune ménage, vaudeville en 1 acte...	4	2	1 »
Cadet-Roussel maître d'école à Chaillot, f. en 1 a.	4	2	2 »
Cadet-Roussel Procida, vaudeville en 1 acte.....	5	1	2 »
Le Capitaine Roquefinette, comédie-vaud. en 2 actes	5	1	1 50
Le Capitaliste malgré lui, vaudeville en 1 acte....	4	2	2 »
Carlin à Rome, comédie en 1 acte...............	3	3	1 »
Carmagnole et Guillot Gorgu, vaudeville en 1 acte	4	2	2 »
Le Carnaval ou les Figures de cire, vaud. en 1 acte	4	2	2 »
La Carte à payer, vaudeville en 1 acte...........	5	1	1 »
La Carte blanche, vaudeville en 1 acte...........	4	2	1 »
Casimir, comédie en 2 actes....................	4	2	2 »

2.

	Hommes	Femmes	PRIX
Cassandre astrologue, folie en 1 acte	4	2	2 »
Catherine ou la Croix d'or, vaud. en 2 actes	4	2	1 »
C'est demain le 13, vaudeville en 1 acte	5	1	2 »
C'est Monsieur qui paye, vaudeville en 1 acte	3	3	1 »
Chacun chez soi, comédie-vaudeville en 1 acte	3	3	1 50
La Champmeslé, comédie-vaudeville en 2 actes	4	2	1 50
Champmeslé, comédie en 1 acte, en vers	4	2	1 50
Le Champenois, comédie en 1 acte	3	3	2 »
Chapelle et Bachaumont, vaudeville en 1 acte	4	2	2 »
Le Chapitre des Informations, com.-vaud. en 1 acte	4	2	2 »
La Charge à payer, vaudeville en 1 acte	4	2	1 »
Charles Rivière Dufresny, comédie en 1 acte	4	2	2 »
Les Charmettes, comédie-vaudeville en 1 acte	4	2	2 »
Le Château-d'Eau du boulevard, vaud. en 1 acte	5	1	2 »
Château perdu, vaudeville en 1 acte	4	2	2 »
Une Chaumière et son cœur, com.-vaud. en 2 actes	3	3	1 50
Le Chemin des Amoureux, vaudeville en 2 actes	5	1	2 »
La Cheminée de 1745, vaudeville en 1 acte	4	2	2 »
La Chercheuse d'esprit, vaudeville en 1 acte	3	3	2 »
Les Chevilles de maître Adam, comédie en 1 acte	4	2	1 »
La Chipie, vaudeville en 1 acte	3	3	2 »
Christan et Marguerite, vaudeville en 1 acte	3	3	1 »
Christophe ou un pour cinq, vaudeville en 1 acte	5	1	2 »
Christophe le Rond, comédie en 1 acte	4	2	2 »
La Clarinette postale, vaud. en 1 acte	4	2	1 »
Le Client de Campagnac, com.-vaud. en 1 acte	5	1	2 »
La Clef forée, vaudeville en 1 acte	4	2	1 50
Clémence ou la Fille de l'avocat, vaud. en 2 actes	5	1	1 »
Le Client de Campagnac, comédie en 1 acte	4	2	1 »
Le Coiffeur et le Perruquier, vaudeville en 1 acte	4	2	1 »
Le Colonel, vaudeville en 1 acte	4	2	1 »
Le Comédien de Bruxelles, vaudeville en 1 acte	5	1	2 »
La Comédienne improvisée, vaudeville en 1 acte	2	4	2 »
Le Commissionnaire, comédie en 2 actes	4	2	2 »
Les Commissionnaires, vaudeville en 1 acte	5	1	2 »
Les Compagnons du Devoir, vaudeville en 1 acte	4	2	2 »
Le Concert de la rue Feydau	4	2	2 »
Le Confident heureux, opéra-comique en 1 acte	3	3	2 »
Le Confident par hasard, comédie en 1 acte	4	2	2 »
Le Congé ou la Veille des noces, vaud. en 1 acte	4	2	2 »
Constant la Girouette, vaudeville en 1 acte	3	3	1 50
La Contrebasse, vaudeville en 1 acte	4	2	1 70
La Coquette sans le savoir, comédie en 1 acte	3	3	2 »
Le Courtisan, vaudeville en 1 acte	4	2	2 50
Le Cousin du ministre, vaudeville en 1 acte	4	2	1 »
La Coutume écossaise, vaudeville en 1 acte	4	2	1 »
La Crânomanie, vaudeville en 1 acte	4	2	2 »
Criquet ou l'Arlequin par occasion, vaud. en 1 acte	4	2	2 »
La Dame noire, folie en 2 actes	4	2	2 »
Dancourt ou la Répétition, vaudeville en 1 acte	5	1	2 »
Dans une armoire, comédie en 1 acte	4	2	1 »
Le Danseur éternel, vaudeville en 1 acte	4	2	2 »
La Dédaigneuse, vaudeville en 1 acte	3	3	2 »
Le Dédit, comédie en 1 acte, en vers	3	3	2 »
Le Dédit inutile, comédie en 1 acte, en vers	3	2	2 »

	Hommes	Femmes	PRIX
Les Défauts supposés, com. en 1 acte, en vers	3	3	2 »
Le Défunt et l'héritier, vaudeville en 1 acte	4	2	2 »
Le Déjeuner de garçon, vaudeville en 1 acte	5	1	2 »
Delphine, comédie en 2 actes	4	2	1 »
La Demande en mariage, com. en 1 acte	4	2	2 »
La Demoiselle à marier, com.-vaudeville en 1 acte	4	2	2 »
Le Dernier des Mohicans, vaud. en 1 acte	3	3	1 »
Désirée ou la Paix du Village, vaudeville en 1 acte	5	4	2 »
Destouches ou le Philosophe marié, com. en 1 acte	3	3	2 »
Le Deuil, comédie en 1 acte	5	1	2 »
Les Deux Candidats, comédie en 3 actes	5	1	3 »
Les Deux Capitaines, vaudeville en 1 acte	5	1	2 »
Les Deux Elèves, vaudeville en 1 acte	4	2	2 »
Les Deux Gaspard, vaudeville en 1 acte	4	2	2 »
Les Deux Héritages, vaudeville en 1 acte	4	2	2 »
Les Deux Lucas, vaudeville en 1 acte	4	2	2 »
Les Deux Mahométans, comédie en 1 acte	4	2	2 »
Les Deux manières, vaudeville en 2 actes	4	2	2 »
Les Deux Matelots, vaudeville en 1 acte	4	2	2 »
Les Deux Maris, comédie en 1 acte	4	2	1 »
Les Deux Mères, comédie en 1 acte	3	3	2 »
Les Deux Mousquetaires, opéra-comique en 1 acte	3	3	2 »
Les Deux Nourrices, vaudeville en 1 acte	3	3	2 »
Deux Papas très-bien, vaudeville en 1 acte	5	1	1 »
Les Deux petits Savoyards, comédie en 1 acte	4	2	2 »
Deux pour un, comédie en 1 acte	3	3	2 »
Les Deux rôles, comédie en 1 acte	3	3	2 »
Deux Secrets, comédie en 1 acte	4	2	2 »
Deux Sœurs de charité, comédie en 1 acte	3	3	2 »
Deux Valets, comédie en 1 acte	4	2	2 »
Deux Vieux Garçons, vaudeville en 1 acte	4	2	2 »
Difficile à marier, comédie-vaudeville en 1 acte	4	2	1 »
Le Dîner d'emprunt, comédie en 1 acte	4	2	2 »
Le Directeur dans l'embarras, vaudeville en 2 actes	3	3	2 »
Les Dix francs de Jeannette, vaudeville en 1 acte	4	2	3 »
Le Docteur du défunt, vaudeville en 1 acte	4	2	2 »
Le Domino rose, comédie en 2 actes	4	2	2 »
Dorat et Colardeau, comédie en 1 acte, en vers	4	2	2 »
La Dot et la Fille, vaudeville en 1 acte	3	3	3 »
Le Drôle de corps, vaudeville en 1 acte	4	2	3 »
Le Duel par la croisée, vaudeville en 1 acte	4	2	3 »
Dupe de son art, opéra-comique en 1 acte	4	2	2 »
Dupuis et Desronais, comédie en 3 actes, en vers	5	1	2 »
L'Eau de Jouvence, opéra-comique en 1 acte	5	1	2 »
Eclipse totale, comédie en 1 acte, en vers	4	2	2 »
L'Ecole de l'Adolescence, com. en 2 actes, en vers	5	1	2 »
Les Ecoliers en vacance, vaudeville en 1 acte	4	2	2 »
Edouard et Clémentine, comédie-vaud. en 3 actes	4	2	1 »
Les Emprunteurs, comédie en 1 acte, en vers	4	2	2 »
Les Enfants du Soldat, vaudeville en 2 actes	3	3	2 »
L'Ennui ou le comte d'Erfort, vaudeville en 2 actes	5	1	2 »
L'Entrée à Reims, vaudeville en 1 acte	4	2	2 »
L'Entresol, vaudeville en 1 acte	3	3	2 »
L'Entrevue, comédie en 1 acte, en vers	4	2	2 »

	Hommes	Femmes	PRIX	
L'Épreuve, comédie en 1 acte	3	3	2	»
L'Épreuve réciproque, comédie en 1 acte	3	3	2	»
Les Ermites, vaudeville en 1 acte	4	2	2	»
L'Erreur d'un moment, comédie en 1 acte	2	4	2	»
L'Esprit de contradiction, comédie en 1 acte	4	2	2	»
Les Esprits des Batignolles, vaudeville en 1 acte	4	2	1	»
Est-ce une fille? Est-ce un garçon? vaud. en 1 acte	4	2	2	»
Étienne et Robert, drame-vaudeville en 1 acte	5	1	1	50
L'Étourdi à la diète, vaudeville en 1 acte	4	2	2	»
L'Étudiant et la grande dame, com.-v. en 2 actes	4	2	1	50
Exil de Rochester, vaudeville en 1 acte	5	1	2	»
La Famille Corse, drame en 1 acte	5	1	2	»
La Famille de l'Apothicaire, vaudeville en 1 acte	3	3	1	»
La Famille des Jobards, vaudeville en 1 acte	4	2	2	»
La Famille des Malins, vaudeville en 1 acte	4	2	2	»
La Famille improvisée, vaudeville en 1 acte	3	3	1	»
La Famille normande, vaudeville en 1 acte	5	1	1	»
La Famille Riquebourg, vaudeville en 1 acte	4	2	1	»
Les Fantômes, vaudeville en 1 acte	3	3	2	»
Une Faute, drame-vaudeville en 2 actes	3	3	1	»
Les Faux frères, folie en 1 acte	4	2	2	»
Les Faux maris, comédie en 1 acte	4	2	2	»
La Fée aux Miettes, vaudeville en 1 acte	5	1	2	»
Féerie des Arts, vaudeville en 1 acte	4	2	2	»
Félix et Roger, comédie en 1 acte	5	1	2	»
La Femme au salon, le Mari à l'atelier, v. en 2 a.	4	2	1	50
La Femme du Voisin, vaudeville en 1 acte	3	3	2	»
Une Femme est un diable, comédie-vaud. en 1 acte	5	1	2	»
Une Femme laide, vaudeville en 2 actes	4	2	1	»
Les Femmes vengées, comédie en 1 acte	3	3	2	»
Fera-t-on la noce? vaudeville en 1 acte	3	3	2	»
La Fête de famille, vaudeville en 1 acte	4	2	2	»
La Fête du mari, vaudeville en 1 acte	4	2	2	»
La Fiancée de l'apothicaire, vaudeville en 1 acte	4	2	1	»
La Fiancée du pays de Caux, comédie en 1 acte	5	1	2	»
Fielding, comédie en 1 acte, en vers	4	2	2	»
Une Fille à établir, vaudeville en 1 acte	2	2	1	»
La Fille à marier, comédie en 1 acte	4	2	2	»
La Fille d'un militaire, vaudeville en 2 actes	3	3	1	50
Fille et Garçon, vaudeville en 1 acte	2	4	2	»
La Fille mal gardée, vaudeville en 1 acte	4	2	2	»
La Filleule à Nicot, vaudeville en 1 acte	3	3	1	»
Le Fils adoptif, vaudeville en 1 acte	4	2	1	»
Le Fils de l'invalide, vaudeville en 1 acte	3	3	2	»
Le Fils du colonel, comédie en 1 acte	4	2	2	»
Le Fils du savetier, vaudeville en 1 acte	3	3	2	»
La Fin d'un bal, vaudeville en 1 acte	4	2	2	»
La Flamme de Claude, parodie en 1 acte	4	2	1	»
Floridor le Choriste, vaudeville en 2 actes	3	3	2	»
Florian, comédie en 1 acte	5	1	2	»
Florestan ou la Leçon, vaudeville en 2 actes	4	2	2	»
Folbert, vaudeville en 1 acte	4	2	2	»
Le Fondé de pouvoirs, vaudeville en 1 acte	4	2	2	»
Fontenelle, comédie en 1 acte	4	2	2	»
La Forêt de Bondy, vaudeville en 1 acte	3	3	2	»
Le Fou supposé, comédie en 1 acte	4	2	2	»
France et Savoie, vaudeville en 1 acte	4	2	1	50

	Hommes	Femmes	PRIX
Françoise et Francesca, vaudeville en 2 actes	3	3	
Franklin à Passy, vaudeville en 1 acte			2 »
Les Frères Dondaines, vaudeville en 1 acte	4	2	1 50
Le Frère de Piron, vaudeville en 1 acte	2	1	1 50
Le Frotteur, vaudeville en 1 acte	4	2	2 »
Le Fruit défendu, vaudeville en 1 acte	4	2	2 »
La Gamine de Paris, vaudeville en 3 actes	4	2	2 »
Le Garçon de noces, vaudeville en 1 acte	4	2	2 »
Le Garçon d'honneur, vaudeville en 1 acte	4	2	2 »
Gaspard l'Avisé, comédie en 1 acte	5	1	2 »
Un Gendre aux épinards, vaudeville en 1 acte	3	3	1 »
Geneviève la Blonde, vaudeville en 2 actes	4	2	1 »
Le Gentilhomme, vaudeville en 1 acte	4	2	2 »
Géorgine ou la Servante du pasteur, vaud. en 1 acte	4	2	1 50
Gille réformateur, vaudeville en 1 acte	5	1	2 »
La Grande aventure, vaudeville en 1 acte	4	2	2 »
Un Grande dame de la halle, vaudeville en 1 acte	3	3	1 »
Grégoire de Tunis, vaudeville en 1 acte	5	1	2 »
La Grille du parc, comédie en 1 acte	5	1	2 »
La Grisette romantique, vaudeville en 1 acte	3	3	1 50
L'Habit d'un grand seigneur, vaudeville en 2 actes	4	2	1 »
Habits, vieux galons, vaudeville en 1 acte	5	1	2 »
Haguenier ou l'Habitude et le Souvenir, v. en 1 a.	5	1	2 »
La Halle aux blés, vaudeville en 1 acte	4	2	2 »
Henriette et Verneuil, comédie en 1 acte	4	2	2 »
Heur et Malheur, vaudeville en 1 acte	4	2	1 »
Une Heure d'absence, comédie en 1 acte	3	3	2 »
Une Heure de prison ou la Lettre de recommandation, comédie-vaudeville en 1 acte	5	1	2 »
L'Heureuse moisson, vaudeville en 1 acte	5	1	2 »
L'Heureuse rencontre, comédie en 1 acte	4	2	2 »
Hommage du petit Vaudeville au grand Racine, comédie en 1 acte	6	»	2 »
L'Homme aux trente écus, vaudeville en 1 acte	4	2	2 »
L'Homme de quarante ans, comédie en 1 acte	4	2	2 »
L'Homme en deuil de lui-même, comédie en 1 acte	5	1	2 »
L'Homme qui se range, vaudeville en 1 acte	4	2	2 »
Hortense, comédie en 2 actes	4	2	2 »
L'Hôtel des Haricots, vaudeville en 1 acte	4	2	2 »
L'Hôtel des Princes, opéra-comique en 1 acte	5	1	2 »
Huit jours de sagesse, vaudeville en actes	5	1	2 »
Ida, comédie-vaudeville en 2 actes	3	3	2 »
L'If de Croissy, comédie-vaudeville en 2 actes	4	2	2 »
Les Impressions de ménage	3	3	2 »
L'Incognito ou le Souper d'auberge, vaud. en 1 acte	4	2	2 »
L'Inévitable ou le Secret, vaudeville en 3 actes	3	3	2 »
Les Inséparables, vaudeville en 1 acte	4	2	1 »
L'Interdiction, drame en 2 actes	5	1	1 50
L'Interprète, comédie en 1 acte	4	2	2 »
L'Intrigue dans la rue, vaudeville en 1 acte	4	2	2 »
L'Intrigue hussarde, vaudeville en 1 acte	5	1	2 »
L'Intrigue sur les toits, vaudeville en 1 acte	5	1	2 »
L'Invitation à la valse, comédie en 1 acte	3	3	2 »
Ivan le Moujick, vaudeville en 2 actes	4	2	2 »
Jadis et aujourd'hui, vaudeville en 1 acte	3	3	2 »
Janot ou les Battus, folie en 1 acte	4	2	2 »
Jarretières de la mariée, vaudeville en 1 acte	4	2	2 »

	Hommes	Femmes	PRIX
Les Jarretières de ma femme, vaud. en 1 acte	4	2	2 »
Jean de Passy, folie en 1 acte			
Jean et Geneviève, comédie en 1 acte			
Jean qui pleure et Jean qui rit, vaud. en 1 acte			
Jeannette ou les Battus ne paient pas toujours l'amende, vaudeville en 1 acte			
Je cherche mon père, folie en 3 actes, en vers			
Le Jeune maire, vaudeville en 2 actes			
Les Jockeys improvisés, vaudeville en 1 acte			
Jodelet, comédie en 1 acte			
La Jolie parfumeuse, vaudeville en 1 acte			
Un Jour d'embarras, comédie-vaudeville en 1 acte			
Les Jumelles béarnaises, vaudeville en 1 acte			
Lagrange Chancel ou le Valet dans l'embarras, c. 1 a.			
Langely, comédie-vaudeville en 1 acte			
La Leçon de danse et d'équitation			
Lecoq ou les Valets en deuil, vaudeville en 1 acte			
La Lettre de change, comédie en 1 acte			
Liberté, libertas, vaudeville en 1 acte			
Lionel ou Mon Avenir, vaudeville en 2 actes			
Le Lit de circonstance, comédie en 2 actes			
Un Lit pour trois, vaudeville en 1 acte			
La Lorgnette, vaudeville en 1 acte			
Louise ou la Réparation, vaudeville en 1 acte	4	2	»
Louise ou le Théâtre, comédie en 1 acte	8	3	»
Lucile, comédie en 1 acte	5	2	»
La Lune de miel, vaudeville en 2 actes	3	3	2 »
Le Luthier de Lisbonne, vaud. en 2 actes	4	2	»
Madame Duchatelet, comédie en 1 acte	4	2	1 50
Madame Peterhoff, vaud. en 1 acte	4	2	»
Madame Scarron, vaud. en 1 acte	4	2	2 »
Madame Valdaunaye, vaud. en 2 actes	3	3	2 »
Madame Veuve Boudenois, vaud. en 2 actes	4	2	1 50
Le Mal d'amour, vaud. en 1 acte	4	2	»
Le Mai des Jeunes filles, vaud. en 1 acte	5		»
La Maison en loterie, vaud. en 1 acte	4	2	»
Maître André et Poinsinet, comédie en 1 acte	5	1	2 »
Maître Job ou ma Femme et mon Télescope, v. 1 a.	3	3	»
Maîtresse au logis, vaud. en 1 acte	3	3	1 »
Maîtresse de langues, comédie en 1 acte	3	3	1 »
Malade par circonstance, vaud. en 1 acte	4	2	2 »
Malheurs d'un joli garçon, vaud. en 1 acte	3	3	»
Mal noté dans le quartier, vaud. en 1 acte	4	2	»
Malvina, vaudeville en 2 actes			
Le Mandarin Hoang-Pouf, folie en 1 acte	5	1	»
Manon, vaudeville en 2 actes	4	2	»
Manon la Ravaudeuse, vaud. en 1 acte	4	2	»
La Mansarde des artistes, vaud. en 1 acte	3	3	1 »
Les Manuels à la mode, vaud. en 1 acte	4	2	2 »
Un Mari charmant, vaud. en 1 acte	3	3	2 »
Le Mari de circonstance, opéra-comique en 1 acte	5	1	2 »
Le Mari, la Femme et le Voleur, vaud. en 1 acte	4	2	1 »
Les Maris sans femmes, vaud. en 1 acte	3	3	»
Un Mari tombé des nues, vaud. en 1 acte	4	2	1 50
Maria, drame en 2 actes		2	2 »
Le Mariage à la turque, vaud. en 1 acte	4	2	2 »
Le Mariage de Ch. Collé ou la Tête à perruque, v. 1 a.	4	2	1 »

— 23 —

			PRIX
Le Mariage de M. Beaufils ou les Réputations d'emprunt, comédie en 1 acte	4	2	2 5
Le Mariage de Nina Vernon ou la suite de la Petite ville, comédie en 1 acte	4	2	2 5
Le Mariage de raison, comédie en 1 acte	4	2	1 5
Le Mariage en capuchon, vaud. en 2 actes	8	1	2 5
Le Mariage impossible, vaud. en 2 actes	8	3	4
Le Mariage par autorité de justice, com. en 2 actes	4	2	2 5
Le Mariage raisonnable, comédie en 1 acte	3	3	2
Marianne, vaudeville en 2 actes	4	2	2
Marianne, opéra-comique en 2 actes	4	2	2
Marmitons et grands seigneurs, vaud. en 1 acte	4	2	2
Marquis de Carabas, vaud. en 1 acte	4	2	1
Marquis de Jomenars, comédie en 1 acte	4	2	2
Mars en Carême ou l'Olympe au Rocher de Cancale, folie en 1 acte	4	2	1
Ma tante Aurore, opéra-comique en 2 actes	3	3	2
Un Matelot, comédie-vaud. en 1 acte	4	2	2
La Mauvaise langue de village, vaud. en 1 acte	3	3	2
Le Méléagre champenois, folie-vaud. en 1 acte	4	2	2
Un Ménage de Garçons, com.-vaud. en 1 acte	4	2	2
Un Ménage d'Ouvriers, com.-vaud. en 1 acte	4	2	2
Un Ménage Parisien, drame en 2 actes	5	3	4
Le Mendiant, vaudeville en 2 actes	4	2	2
Mensonge excusable, comédie en 1 acte	4	2	2
Menuet de la Reine, vaudeville en 2 actes	2	3	4 60
Mère de famille, comédie en 1 acte	4	2	1
La Meunière, comédie-vaud. en 1 acte	3	3	1
Michel Perrin, vaud. en 2 actes	4	2	2
Les Misères d'un timbalier, vaudeville en 1 acte	4	2	2
La Mode ancienne et la mode nouvelle, c. 1 a. vers	3	3	2
Un Mois de fidélité, vaud. en 1 acte	5	3	1
Molière au dix-neuvième siècle, comédie en 1 acte	5	1	3
Mon ami Pierre, com.-vaud. en 1 acte	4	3	2
Mon coquin de neveu, vaud. en 1 acte	4	3	1
La Monnaie de singe, vaud. en 1 acte	3	4	2
Une Monomanie, vaud. en 1 acte	4	2	1
Mon oncle le bossu, comédie en 1 acte	3	3	2
Monsieur Antoine ou le n° 2782, vaud. en 1 acte	5	1	2
Monsieur Barbe-Bleue, vaudeville en 1 acte	5	1	1
Monsieur Bargeot ou l'Aubergiste officieux, v. 1 a.	5	1	1
Monsieur Beaufils ou la Conversation faite d'avance, comédie en 1 acte	4	2	2
Monsieur Bonhomme, vaud. en 1 acte	4	2	2
Monsieur Bontemps ou la Belle-mère et la bru, v. 1 a.	4	2	2
Monsieur Crédule ou Il faut se méfier du vendredi, vaudeville en 1 acte	4	2	2
Monsieur Croquemitaine ou le Don Quichotte de Noisy-le-Sec, extr. en 1 acte	4	2	2
Monsieur Daube, com.-vaud. en 1 acte	5	2	2
Monsieur de Craquignac, comédie en 1 acte	4	2	2
Monsieur de la Hure ou le Troyen à Paris, v. 1 a.	4	2	2
Monsieur et Madame ou les Mots pour rire, v. 1 a.	3	3	2
Monsieur et Madame Denis ou la Veille de la Saint-Jean, vaud. en 1 acte	3	3	1
Monsieur Sans-Gêne, vaud. en 1 acte	4	2	2
Monsieur Sans-Souci, vaud. en 1 acte	4	2	2

	Hommes	Femmes	PRIX	
Monsieur Sensible, vaudeville en 1 acte............	5	1	2	»
Un Monsieur qui n'a pas d'habits, vaud. en 1 acte.	8	3	1	»
Mon voisin d'omnibus, vaudeville en 1 acte.......	5	1	1	»
Les Moralistes, vaud. en 1 acte.................	5	1	2	»
Le Mort sous les scellés, folie en 1 acte..........	4	2	2	»
Le Mouchoir, vaud. en 1 acte...................	4	2	2	»
Le Moulin de Bayard, vaud. en acte.............	5	1	2	»
La Muette de la forêt, drame en 1 acte...........	5	1	2	»
Le Mûrier, vaud. en 1 acte.....................	5	1	2	»
La Neige ou l'Eginhard de campagne, vaud. en 1 a.	4	2	2	»
Le Niais de Sologne ou Il n'est pas si bête qu'il en a l'air, vaud. en 1 acte......................	4	2	2	»
La Nina de la rue Vivienne, vaud. en 1 acte.....	3	2	2	»
Ninon ou Molière et Tartuffe, vaud. en 1 acte....	4	2	2	»
La Noce interrompue ou le Comédien en voyage, vaud. en 1 acte	4	2	2	»
Noir et blanc, vaud. en 1 acte.................	4	2	2	»
Le Notaire de Moulins, vaud. en 1 acte...........	3	3	2	»
Nous marions papa, vaud. en 1 acte.............	3	3	1	»
Nouveau débarqué, vaud. en 1 acte.............	4	2	2	»
Nouvelle Clary ou Louise et Georgette, c.-v. 1 a...	4	2	2	»
Nouvelle Clary ou le Retour au village, c.-v. 2 a..	3	3	1	»
Les Nouvelles métamorphoses, vaud. en 1 acte....	4	2	2	»
Une Nuit au château, opéra-comique en 1 acte....	4	2	2	»
La Nuit d'auberge, vaud. en 1 acte..............	5	1	2	»
La Nuit d'avant, vaud. en 2 actes...............	8	3	2	»
L'Oncle d'Afrique, vaud. en 1 acte..............	4	2	2	»
L'Oncle et le Neveu, vaud. en 1 acte............	4	2	2	»
L'Oncle en tutelle, vaud. en 1 acte..............	4	2	2	»
On ne prévoit jamais tout, comédie en 1 acte.....	5	1	1	»
L'Orage, vaud. en 1 acte.......................	4	2	2	»
L'Orgueil puni, comédie en 1 acte...............	5	1	2	»
Les Orphelins du parvis Notre-Dame, vaud. en 1 a.	5	1	1	50
Les Orphelines du Faubourg, com. en 3 actes.....	3	3	1	»
Les Oubliettes ou le Retour de Pontoise, poch. 2 a.	4	2	2	»
Le Oui des Jeunes filles, com.-vaud. en 1 acte....	3	3	2	»
Oui ou Non, com.-vaud. en 1 acte...............	4	2	2	»
Le Page de Woodstock, com.-vaud. en 1 acte.....	5	1	2	»
Laméla ou la Fille du portier, vaud. en 1 acte.....	8	3	2	»
Les Pantoufles de Voltaire, vaud. en 1 acte......	4	2	2	»
Un Papa charmant, vaud. en 2 actes.............	3	8	1	»
La Papesse Jeanne, vaud. en 1 acte, en vers......	5	1	2	»
Le Paradis de Mahomet, vaud. en 1 acte.........	3	3	1	50
La Parisienne en Espagne, vaud. en 1 acte........	4	2	3	»
Le Passe-partout, vaud. en 1 acte...............	5	1	2	»
Le Passé ou A tout péché miséricorde.............	5	1	1	50
La Passion secrète, com. en 3 actes..............	4	2	2	»
La Passion à la vanille, vaudeville en 1 acte......	4	2	1	»
Le Peintre français à Londres, com. en 1 acte....	4	2	2	»
La Pension de retraite ou le Précepteur dans l'embarras, vaud. en 1 acte......................	4	2	2	»
Le Père de l'enfant, vaud. en 1 acte.............	4	2	2	»
Le Père Turlututu, v. en 1 acte.................	4	2	2	»
La Perruque blonde, vaud. en 1 acte.............	4	2	2	»
La Perruque enlevée, vaud. en 1 acte............	4	2	2	»
Le Petit Candide, vaud. en 1 acte...............	3	3	2	»
Le Petit homme gris, vaud. en 1 acte............	4	2	2	»

	Hommes	Femmes	PRI	
Le Petit Jacquot, com. en 1 acte...............	4	2	2	»
Le Petit page ou la Prison d'Etat, com. en 1 acte..	4	2	2	»
Les Petits Auvergnats, com. en 1 acte..........	3	3	2	»
La Petite Coquette, com.-vaud. en 1 acte.......	2	4	2	»
La Petite Corisandre, com.-vaud. en 1 acte......	4	2	2	»
La Petite folle, com. en 1 acte................	4	2	2	»
La Petite guerre, com. en 1 acte...............	4	2	2	»
La Petite Rose ou Qui connaît les femmes? c.-v. 1 a.	4	2	2	»
La Petite somnambule, c.-v. en 1 acte..........	4	2	2	»
Les Petites Marionnettes, vaud. en 1 acte......	4	2	2	»
La Peur du mal, com.-vaud. en 1 acte..........	3	3	2	»
Philippe, com.-vaud. en 1 acte................	4	2	1	50
Philippe le Savoyard, vaud. en 1 acte.........	5	1	2	»
Pierre Bagnolet et Claude Bagnolet son fils, c.-v. 1 a.	4	2	2	»
Le Pioupiou, vaud. en 2 actes	4	2	2	»
Le Plan de campagne, com.-vaud. en 1 acte.....	5	1	2	»
Le Plan de comédie, com. en 1 acte............	5	1	2	»
La Plus belle nuit de la vie, com. en 1 acte......	4	2	2	»
Point d'adversaires, vaud. en 1 acte...........	4	2	2	»
Le Point d'honneur, com. en 1 acte............	4	2	2	»
Le Poltron, vaud. en 1 acte...................	4	2	1	»
Le Porte-drapeau d'Austerlitz, vaud. en 1 acte...	4	2	3	»
Le Portefeuille, comédie en 2 actes	4	2	2	»
Le Porteur des halles, tabl. popul..............	4	2	1	»
Poste restante, vaudeville en 1 acte	4	2	1	»
Pourquoi? com. en 1 acte.....................	3	3	1	»
Le Précepteur dans l'embarras, vaud. en 1 acte...	4	2	3	»
Le Précepteur de 20, com. en 2 actes...........	2	4	1	»
Un Premier bal, com. en 1 acte................	4	2	1	50
Le Premier prix ou les deux Artistes, c.-v. 1 a...	5	1	2	»
Le Présent ou l'Heureux quiproquo.............	4	2	2	»
La Prévention, com. en 1 acte.................	3	3	2	»
Préville et Taconnet, vaud. en 1 acte...........	5	1	2	»
Le Procès ou la Bibliothèque de salon, c. en 1 acte	4	2	2	»
Le Protégé de tout le monde, vaud. en 1 acte....	3	3	2	»
La Protégée sans le savoir, vaudeville en 1 acte .	5	1	1	»
Le Puits mitoyen, vaudeville en 1 acte..........	4	2	1	»
Quinze jours de sagesse, vaud. en 1 acte........	4	2	1	»
Rataplan ou le Petit tambour, vaud. en 1 acte....	4	2	3	»
Recette pour marier sa fille, vaud. en 1 acte.....	4	2	2	»
La Réconciliation ou la Veille de la Saint-Louis, com.-vaud. en 1 acte........................	5	1	2	»
La Reine de 16 ans, com.-vaud. en 2 actes.......	4	2	1	»
Le Remplaçant, tabl. villag. en 1 acte...........	4	2	2	»
Le Renard et le Corbeau, vaud. en 1 acte........	4	2	2	»
La Rencontre en voyage, com. en 1 acte.........	5	1	2	»
René Lesage, com.-vaud. en 1 acte.............	4	2	2	»
La Rente viagère, com.-vaud. en 1 acte.........	5	1	2	»
Résignée ou les Deux Ménages, c.-v. en 2 a......	4	2	2	»
Le Restaurant ou le Quart d'heure de Rabelais.....	5	1	2	»
Le Retour à la ferme, com.-vaud. en 1 acte......	2	4	2	»
Le Retour au département, com.-vaud. en 1 acte..	5	1	2	»
Un Retour de jeunesse, com.-vaud. en 1 acte.....	3	3	2	»
Le Retour de Werther ou les Derniers épanchements de la sensibilité, com. vaud. en 1 acte...	4	2	2	»
Le Retour du zouave, com. en 1 acte...........	4	2	1	»
Le Revenant, vaudeville en 1 acte..............	4	2	2	»

Titre	Hommes	Femmes	PRIX
Revue et corrigée, vaud. en 1 acte	4	2	1 50
Richelieu à 80 ans, com.-vaud. en 1 acte	4	2	»
Une Rivale, drame en 3 actes	4	2	»
Le Roi de Prusse et le Comédien, c.-v. en 1 acte	4	2	»
Rose et Blanche, com. en 1 acte	8	3	»
La Rose jaune, comédie en 1 acte	4	2	»
Le Rossignol, com. en 1 acte	4	2	2
Rossini à Paris, vaudeville en 1 acte	4	3	»
Rue de la Lune, vaud. en 1 acte	4	2	»
Le Sabotier ou les Huit sols, com. en 1 acte	3	4	»
Saint-Valentin ou le Collier de perles, c. en 1 acte	3	2	»
Samson et Dalila, com.-vaud. en 2 actes	4	4	»
Sara ou l'Invasion, com.-vaud. en 2 actes	4	3	»
Secret de la future, com.-vaud. en 1 acte	3	2	»
Le Secrétaire et le Cuisinier, com.-vaud. en 1 acte	5	2	»
La Sentinelle perdue, opéra-comique en 1 acte	4	2	»
La Séparation, com. en 3 actes	4	2	»
Le Serrurier, com. en 1 acte	4	2	»
La Servante du curé, com.-vaud. en 1 acte	3	2	»
La Servante justifiée, com.-vaud. en 1 acte	3	2	»
Silvain, comédie en 1 acte	4	2	»
Sir Hugues de Guilfort, vaud. en 2 actes	4	2	1 50
La Sœur cadette, com. en 1 acte, en vers	3	2	»
Une Soirée à la Bastille, com. en 1 acte, en vers	4	2	1 50
Une Soirée de deux prisonniers, ou Voltaire et Richelieu, vaud. en 1 acte	5	1	2
La Soirée orageuse, com. en 1 acte	3	3	2
Le Soldat de la Loire, dr.-vaud. en 1 acte	4	2	»
La Somnambule, vaud. en 2 actes	5	2	»
La Somnambule du Pont-aux-Choux, fol. en 3 actes	4	2	2
La Sonnette et le Paravent ou le Médecin sans médecine, vaud. en 1 acte	4	2	»
Le Spectacle à la cour, vaud. en 1 acte	5	2	1 50
Le Spleen, com. en 1 acte	4	2	»
Le Stagiaire ou l'Avocat sans cause, vaud. 1 acte	5	1	1 50
Le Succès, com. en 2 actes	5	1	1 50
Le Suisse de Marly, vaud. en 1 acte	3	3	»
La Suite du Mariage de raison, vaud. en 1 acte	4	2	»
La Suite d'un coup d'épée, com. en 1 acte	4	2	»
Taconnet, com.-vaud. en 1 acte	4	2	»
Taconnet chez Ramponneau ou le Réveillon de la Courtille, vaud. en 1 acte	5	2	»
Le Tailleur des Bois ou l'Orthopédie, fol. en 1 a.	5	2	»
Le Tailleur de Windsor ou l'Acteur en voyage, c.-v. 1 a.	5	1	»
Le Tambour et la Vivandière, vaud. en 1 acte	5	1	»
Le Tambour-major, vaud. en 1 acte	4	2	»
La Tante mal gardée, vaudeville en 1 acte	3	3	»
Tardif, com. en 1 acte, en vers	4	2	2
Le Te Deum et le De Profundis, vaud. en 1 acte	5	1	»
Le Télégraphe d'amour, com.-vaud. en 1 acte	4	2	»
Une Tête de carton, com.-vaud. en 1 acte	5	1	»
Théobald ou le Retour de Russie, vaud. en 1 acte	4	2	2
Théodore ou Heureux quand même, vaud en 1 acte	4	2	1 50
Thibaud l'Ebéniste, com. en 1 acte	3	1	»
Thomas l'Egyptien, vaud. en 1 acte	4	2	»
Thomas le Rageur, vaudeville en 1 acte	4	3	»
Un Tissu d'horreurs, vaud. en 1 acte	3	3	»

	Hommes	Femmes	PRIX
Titus, trag. burl. en 1 acte...............	5	1	2 »
La Toque bleue, com.-vaud. en 1 acte.......	3	3	2 »
Le Tour de faveur, com. en 1 acte, en vers...	4	2	2 »
Les Tours Notre-Dame, com.-vaud. en 1 acte.	4	2	2 »
Le Tour de France, vaud. en 1 acte.........	3	3	2 »
Tout chemin mène à Rome, com.-vaud. en 1 acte.	4	2	2 »
Trafalgar, vaud. en 1 acte.................	4	2	2 »
Le Traité de paix, com.-vaud. en 1 acte.....	3	3	2 »
Un Trait de Paul Ier, vaud. en 1 acte.......	4	2	1 »
Le Traité nul, com. en 1 acte..............	3	3	2 »
Le Traquenard, comédie-vaudeville en 1 acte.	4	2	1 »
Les Trébuchets, folie en 1 acte............	4	2	2 »
Le Trente-et-Quarante ou le Portrait, com. en 1 a.	3	3	2 »
Trilby ou le Lutin du foyer, com.-vaud. en 1 acte.	5	1	2 »
Les Trois bienfaits pour un, vaud. en 1 acte..	3	3	2 »
Les Trois Gobes-mouches, vaud. en 1 acte...	4	2	2 »
Les Trois Jeannette, vaud. en 1 acte........	4	2	2 »
Les Trois Maîtresses, vaud. en 2 actes......	3	3	2 »
Les Trois Tantes, com.-vaud. en 1 acte......	4	2	2 »
Trumeau, vaudeville en 1 acte.............	4	2	1 »
Turlurette, vaud. en 1 acte................	4	2	1 »
Le Valet en bonne fortune, vaud. en 1 acte..	4	2	2 »
Le Vampire de la rue Charlot, vaud. en 1 acte.	3	3	1 »
Les Vendanges de Bagnolet, vaud. en 1 acte..	4	2	2 »
Un Vendredi, vaudeville en 1 acte..........	5	1	1 »
La Veuve du soldat, com.-v en 1 acte.......	4	2	2 »
Le Vieillard et la Jeune fille, vaud. en 1 acte.	3	3	2 »
Le Vieil oncle, com. en 1 acte.............	5	1	2 »
La Vieille de 16 ans, com.-vaud. en 1 acte...	4	2	2 »
La Vieillesse de Frontin, vaud. en 1 acte....	5	1	2 »
La Vieillesse de Piron, comédie en 1 acte...	4	2	2 »
Le Vieux Château, com. en 1 acte..........	4	2	2 »
Les Vieux marins, com.-vaud. en 2 actes....	3	3	2 »
Le Violon de l'Opéra, com.-vaud. en 1 acte..	4	2	2 »
Une Visite à Charenton, vaud. en 1 acte....	5	1	2 »
Le Voyage impromptu, vaud. en 1 acte.....	5	1	2 »
Werther ou les Egarements d'un cœur sensible, v. 1 a.	5	1	1 »
Zoé, vaud. en 1 acte......................	4	2	2 »

SEPT PERSONNAGES

	Hommes	Femmes	PRIX
L'Absence, vaud. en 1 acte................	4	3	2 »
Les Actualités, vaud. en 1 acte............	4	3	2 »
Agathe, com. en 2 actes...................	4	3	2 »
L'Agioteur, com. en 2 actes................	6	1	2 »
Alberta Ire, com.-vaud. en 2 actes..........	5	2	1 50
Alceste à la Campagne, com. en 3 actes en vers.	6	1	2 »
Alfred-le-Grand, vaud. en 1 acte...........	5	2	2 »
Alice, vaud. en 1 acte.....................	5	2	2 »
Allez vous coucher, fol. en 1 acte..........	5	2	1 »
L'Amant bourru, com. en 3 actes en vers libres...	5	2	1 50
L'Amant malheureux, com.-vaud. en 2 actes.	5	2	2 »
A minuit, drame en 3 actes................	4	3	2 »
Les Amis du jour, com. en 1 acte..........	6	1	2 »
L'Amour, vaud. en 3 actes................	4	3	1 50
L'Anonyme, com.-vaud. en 2 actes.........	5	2	2 »
Argentine, vaud. en 2 actes...............	2	5	1 50
L'Attente, drame en 1 acte en vers.........	4	3	2 »

	Hommes	Femmes	PRIX
Une Aventure de Faublas ou le lendemain d'un bal masqué, com.-vaud. en 1 acte	5	2	2 »
Les Aventures du Petit Jonas, vaud. en 3 actes	8	4	2 »
L'Aveugle Clairvoyant, com. en 1 acte en vers	4	3	2 »
Les Aveugles de Franconville, com. en 1 acte	4	3	2 »
Les Aveugles Mendiants, vaud. en 1 acte	6	1	2 »
L'Aveugle supposé, com. en 1 acte	5	2	2 »
Le Bachelier de Salamanque, vaud. en 1 acte	5	2	2 »
La Barrière du Combat, 2 tabl	5	2	2 »
Bayard Page, vaud. en 2 actes	5	2	2 »
La Belle-Mère, vaud. en 1 acte	4	3	1 »
La Belle-Mère et le Gendre, c. en 3 actes en vers	4	3	1 »
Les Blouses, vaud. en 1 acte	5	2	1 »
Bobèche et Galimafré, vaud. en 3 actes	5	2	2 »
Les Bons Gobets, vaud. en 1 acte	4	3	2 »
Une Bonne Fortune, com.-vaud. en 1 acte	4	3	2 »
Les Boudeurs, vaud. en 1 acte	4	3	1 »
Les Bourgeois Campagnards, vaud. en 1 acte	4	3	2 »
Bruno le Fileur, vaud. en 2 actes	6	1	1 »
Bureau de Loterie, vaud. en 1 acte	4	3	2 »
Bureau de Placement, vaud. en 1 acte	4	3	1 »
Le Cabriolet jaune, opéra-com. en 1 acte	5	2	2 »
Le Cadet de famille, vaud. en 1 acte	8	4	2 »
Le Cadet de famille, com.-vaud. en 1 acte	5	2	1 50
Cadet-Roussel, folie en 1 acte	5	2	2 »
Le Café des Variétés, vaud. en 1 acte	6	1	2 »
Les Camarades du ministre, com. en 1 acte en vers	6	1	1 »
Le Capitaine Charlotte, vaud. en 2 actes	4	3	1 »
Carlo Beati, com.-vaud. en 3 actes	4	3	1 »
Caroline, vaud. en 1 acte	5	2	1 »
Cartouche et Mandrin, vaud. en 1 acte	5	2	2 »
La Cassette à Jeanneton, com. vaud. en 2 actes	5	2	1 »
C'est encore du bonheur, vaud. en 1 acte	3	4	1 »
Chacun de son côté, com. en 3 actes	4	3	1 »
Chasse aux maris, vaud. en 3 actes	3	4	1 »
Le Château de ma mère, com.-vaud. en 1 acte	4	3	2 »
Le Chêne du roi, tragédie en 3 actes	6	1	2 »
La Circulaire, com. en 1 acte	5	2	2 »
Claude Balissan, com.-vaud. en 1 acte	5	2	1 »
Un Colonel d'autrefois, com.-vaud. en 1 acte	6	1	2 »
La Comédie aux Champs-Élysées, c. en 1 a. en vers	5	2	2 »
Le Comédien de Paris, vaudeville en 1 acte	6	1	2 »
Le Comité de bienfaisance, com. en 1 acte	4	3	1 »
Le Commissaire extraordinaire, c.-v. en 1 acte	4	3	2 »
Le Comte de Saint-Ronan, vaud. en 2 actes	5	2	2 »
Le Concert aux Champs-Élysées, vaud. en 1 acte	5	2	2 »
Coraly ou la sœur et le frère, vaud. en 1 acte	5	2	1 »
Cotillon III, com.-vaud. en 1 acte	4	3	1 50
Cousin du Pérou, vaud. en 2 actes	5	2	2 »
Crédeville ou le serment du gabelou, com.-vaud. en 2 actes	5	2	2 »
Cri-Cri ou le mitron de la Rue de l'Ourcine, f. en 1 a.	4	3	2 »
Cri de la nature, com. en 1 acte en vers	4	3	2 »
Crillon et Bussy d'Amboise, vaud. en 1 acte	6	1	2 »
Le Cuisinier de Buffon, vaud. en 1 acte	5	2	2 »
La Cuisinière mariée, folie-vaud	4	3	1 50
Dagobert, trag.-burl. en 3 actes en vers	5	2	1 50

	Hommes	Femmes	PRIX	
Le Délire, com. en 1 acte...............	4	3	2	»
La Demande en grâce, com. en 1 acte.......	4	3	2	»
La Demoiselle de compagnie, com. en 1 acte....	4	3	2	»
Les Dettes, com. en 2 actes...............	5	2	2	»
La Dette à la bamboche, com. en 2 actes........	3	4	1	50
Les Deux Anglais, com. en 3 actes............	4	3	1	50
Deux dames au violon, poch. en 1 acte......	5	2	1	»
Les Deux frères, com. en 2 actes............	5	2	2	»
Les Deux favorites, vaud. en 2 actes.........	5	2	1	»
Les Deux jaloux, com. en 1 acte............	4	3	1	»
Les Deux mariés, vaud. en 1 acte...........	3	4	2	»
Les Deux ménages, com. en 3 actes.........	3	4	1	50
Le Diamant, vaud. en 2 actes.............	5	2	1	»
Diderot ou le voyage à Versailles, com. en 1 acte.	5	2	2	»
Difficultueux, com. en 1 acte.............	4	3	2	»
Dix ans de constance, vaudeville en 1 acte......	5	2	2	»
Don Juan, vaud. en 2 actes...............	5	2	2	»
Le Duel par procuration, com. en 1 acte........	5	2	2	»
Duguay-Trouin prisonnier, com. en 2 actes......	5	2	2	»
La Dupe de soi-même, com. en 3 actes en vers....	5	2	2	»
L'Ecarté, vaud. en 1 acte................	3	4	1	»
L'Ecole des gourmands, vaud. en 1 acte........	5	2	2	»
L'Egoïste par régime, com. en 1 acte..........	5	2	2	»
L'Elève de Saumur, vaud. en 1 acte...........	4	3	1	»
Emmeline ou la porte secrète, com. en 2 actes....	5	2	2	»
Encore une folie, vaud. en 1 acte...........	4	3	2	»
L'Enfant et le vieux garçon, vaud. en 1 acte....	4	3	2	»
L'Entrevue des deux impératrices, vaud. en 1 acte.	2	5	2	»
L'Epicier de Chantilly, vaud. en 2 actes.......	4	3	1	50
L'Epicurien malgré lui, vaud. en 1 acte.......	6	1	2	»
L'Ermite de Sainte-Avelle, vaud. en 1 acte......	4	3	2	»
Ernest ou le prix d'éloquence...............	7	»	2	»
Eustache, folie-vaud. en 1 acte............	6	1	1	»
Le Fagotier, vaud. en 1 acte..............	5	2	2	»
La Famille du porteur d'eau, vaud. en 1 acte....	5	2	2	»
Les Faux amis, com. en 1 acte en vers........	6	1	2	»
Le Faux talisman, com. en 1 acte...........	5	2	2	»
La Favorite, comédie-vaudeville en 1 acte.......	4	3	1	»
Femme à vendre, folie en 1 acte............	5	2	2	»
La Femme de chambre, vaud. en 1 acte........	5	2	2	»
La Femme de ménage, vaud. en 1 acte........	4	3	2	»
Femme et maîtresse, vaud. en 1 acte.........	4	3	1	50
Les Femmes officiers, vaud. en 1 acte.........	4	3	2	»
La Fête d'automne, vaud. en 1 acte..........	5	2	2	»
Fête de Jean Bart, com. en 1 acte...........	4	3	2	»
Fête de ma femme, vaud. en 1 acte..........	4	3	2	»
Un Fiancé à l'heure, comédie-vaudeville en 1 acte.	4	3	1	»
La Fiancée de Berlin, vaud. en 1 acte........	4	3	2	»
Le Fifre du roi de Prusse, com. en 1 acte.......	5	2	2	»
La Fille de Cromwell, drame en 1 acte........	5	2	1	50
Les Filles de mémoire, com. en 1 acte........	4	3	2	»
La Fille du cocher, vaud. en 1 acte..........	5	2	2	»
La Fille unique, vaud. en 1 acte............	5	2	2	»
Le Fils de l'empereur, com. en 2 actes.......	5	2	2	»
Finot ou le portier de M. de Bièvre, v. en 1 acte.	5	2	2	»
La Folle de la Bérésina, drame en 2 actes.......	5	2	2	»
Le Fou de Péronne, vaud. en 1 acte..........	5	2	1	»

	Hommes	Femmes	PRIX
Fragoletta, vaud. en 2 actes	5	2	2 »
Les Français à Londres, com. en 1 acte	5	2	2 »
Les Français en cantonnement, vaud. en 1 acte	5	2	2 »
La France pittoresque, vaud. en 1 acte	3	4	1 50
Le Galant savetier, vaud. en 1 acte	4	2	2 »
Le Garde et le bûcheron, drame en 2 actes	6	2	2 »
Le Gâteau des rois, vaud. en 1 acte	5	2	2 »
Le Gentilhomme de la chambre, vaud. en 1 acte	6	1	2 »
La Girouette de village, com. en 1 acte	6	2	2 »
Le Gouverneur, vaud. en 1 acte	5	2	2 »
Le Guérillas, vaud. en 1 acte	8	4	2 »
Henri Hamelin, drame en 3 actes	5	2	2 »
Une Heure de folie, com. en 1 acte en vers	6	1	2 »
Les Héritiers de Crac, vaud. en 1 acte	5	2	2 »
Histoire d'un châle, vaud. en 2 actes	3	4	1 »
L'Hiver ou les Deux Moulins vaud. en 1 acte	6	2	2 »
L'Homme de paille, vaud. en 1 acte	5	2	2 »
L'Homme de 60 ans, com.-vaud. en 1 acte	5	2	2 »
Les Hommes du lendemain, com. en 1 acte en vers	5	2	2 »
L'Hôtel des Invalides, vaud. en 1 acte	5	2	2 »
Honneur de ma fille, drame en 3 actes	6	4	1 50
L'Humoriste, vaud. en 1 acte	4	1	2 »
Le Huron, folie en 1 acte	3	4	2 »
L'Ile des Noirs, vaud. en 1 acte	4	3	2 »
L'Imprimeur sans caractères, vaud. en 1 acte	5	2	2 »
Une Invasion de grisettes, vaud. en 1 acte	5	4	2 »
Isabelle de Montréal, drame en 2 actes	5	2	1 »
Isaure ou l'Inconstant, com. en 1 acte	4	3	2 »
L'Ivrogne corrigé, vaud. en 2 actes	6	2	2 »
Jean-Baptiste Rousseau, com. en 1 acte	6	2	2 »
Jean Bart à Versailles, com. en 1 acte	5	2	2 »
Jean le Pingre et Pierre le Large, dr.-v. en 1 acte	5	2	1 50
J'enlève ma femme, vaud. en 1 acte	4	1	2 »
Un Jeu de Bourse ou la Bascule, com. en 1 acte	5	2	2 »
Le Jeu du cœur, com. en 3 actes	4	3	2 »
Le Jeune frondeur, com. en 1 acte en vers	5	2	2 »
Un Jeune homme à marier, com.-vaud. en 1 acte	8	4	2 »
Le Jeune mari, com. en 3 actes	4	3	1 »
Le Jeune médecin ou l'Influence des perruquiers, com. en 1 acte	5	2	2 »
La Jeunesse de Henri V, com. 3 actes	5	2	1 »
La Jeunesse de Marie Stuart, drame en 2 actes	5	2	2 »
Jocrisse changé de condition, vaud. en 2 actes	5	2	2 »
Jodelle ou le berceau du théâtre, com. en 1 acte	5	2	2 »
Une Journée de garnison, com.-vaud. en 1 acte	6	1	2 »
Julie ou le Pot de fleurs, com. en 1 acte	5	1	2 »
La Lectrice, vaud. en 2 actes	5	2	2 »
Lia ou Nuit d'absence, drame-vaud. en 2 actes	4	3	2 »
La Lionne, vaud. en 2 actes	4	3	1 50
Madame de Pompadour, vaud. en 2 actes	5	2	2 »
Mademoiselle Rose, com. en 3 actes	5	4	2 »
Ma femme et sa chambre, vaud. en 1 acte	4	3	2 »
Le Magasin de la graine de lin, vaud. en 1 acte	4	3	2 »
Les Malheurs d'un amant heureux, vaud. en 1 acte	4	3	2 »
La Manie des places, vaud. en 1 acte	5	2	1 »
La Marchesa ou la Courtisane de Rome, dr. en 3 actes	5	3	2 »
La Marchande de coco, vaud. en 1 acte	4	3	2 »

	Hommes	Femmes	PRIX	
Le Mari et l'amant, com. en 1 acte	5	2	1	»
Le Mariage parodié, drame-vaud. en 2 actes	5	2	2	»
Marion Carmélite, vaud. en 1 acte	5	2	2	»
La Marquise de Rantzau, vaud. en 2 actes	5	2	2	»
Une Matinée de la place Maubert, vaud. en 1 acte	5	2	2	»
Une Matinée des deux Corneille, vaud. en 1 acte	6	1	2	»
Une Mère, drame en 2 actes	5	2	2	»
La Mère au bal et la fille à la maison, v. en 2 actes	8	3	2	»
Le Mentor faubourien, vaud. en 1 acte	2	3	2	»
Micaela, drame en 3 actes	5	2	2	»
Mincétoff, parodie en 1 acte	5	2	2	»
Mina ou la Fille du bourgmestre, vaud. en 1 acte	8	2	1	»
Mon gigot et mon gendre, vaud. en 2 actes	4	3	1	50
Monsieur Bonnefoi ou le Nouveau menteur, vaud. en 1 acte	4	3	2	»
Monsieur Cagnard ou les Conspirateurs, folie-vaud. en 1 acte	4	3	2	»
Monsieur Duroseau ou l'Homme flexible, v. en 1 acte	5	2	2	»
Monsieur et madame Galochard, vaud. en 1 acte	4	4	2	»
Monsieur Giraffe ou la Mort de l'ours blanc, vaud. en 1 acte	4	3	2	»
Monsieur Graine de Lin ou le Jour de noces, vaud. en 1 acte	4	3	2	»
Monsieur Jovial ou l'Huissier chansonnier, vaud. en 2 actes	4	3	1	»
Monsieur Toussaint ou les Couplets de fête, vaud. en 1 acte	4	3	2	»
Monsieur Tranquille, vaud. en 1 acte	5	2	2	»
La Mouche du mari, vaud. en 1 acte	4	3	2	»
La Moustache de Jean Bart, vaud. en 1 acte	6	1	2	»
Naissance et mariage, vaud. en 1 acte	4	3	2	»
Noé ou le Monde repeuplé, com. en 1 acte	4	3	2	»
Le Notaire, vaud. en 1 acte	5	2	2	»
Un Noviciat diplomatique, vaud. en 1 acte	6	1	1	»
Odeïna ou la Canadienne, vaud. en 1 acte	4	2	2	»
Odette ou la Petite Reine, vaud. en 1 acte	5	2	2	»
L'Ogresse, vaud. folie en 1 acte	6	2	2	»
L'Ogresse, vaud. en 2 actes	4	1	3	»
L'Orpheline ou les Mémoires posthumes, com.-vaud. en 1 acte	4	3	2	»
L'Orpheline et l'héritière, com.-vaud. en 2 actes	4	3	2	»
L'Ours et le pacha, folie en 1 acte	5	2	1	»
Les Paniers de Mademoiselle, com. en 1 acte	4	3	1	»
La Parfumeuse de la cour, vaud. en 1 acte	4	3	2	»
Parlez au portier, vaud. en 1 acte	4	3	1	50
Paul et Jean, com.-vaud. en 2 actes	4	2	2	»
Pauline ou la Fille naturelle, com. en 3 actes	3	4	2	»
Péchantré ou Une scène de tragédie, v. en 1 acte	6	1	2	»
La Pension bourgeoise, vaud. en 1 acte	8	4	2	»
Père et fils, vaud. en 1 acte	5	2	1	»
Père et parrain, vaud. en 2 actes	4	2	2	»
Le Père malgré lui, com.-vaud. en 1 acte	4	3	2	»
Perkins Warbec, vaud. en 2 actes	4	3	2	»
Perroquets de la mère Philippe, vaud. en 1 acte	3	4	2	»
Le Petit dragon, com.-vaud. en 2 actes	5	2	2	»
Le Petit Eugène, com.-vaud. en 1 acte	4	3	2	»
Le Petit fifre, com.-vaud. en 1 acte	5	2	2	»

Titre	Hommes	Femmes	PRIX
Le Petit monstre de la rue Plumet, v. en 1 acte	5	2	2 »
La Petite école des pères, com. en 1 acte	5	2	2 »
Petite lampe merveilleuse, folie en 1 acte	6	3	1 »
La Petite Marion, com. en 3 actes	4	3	2 »
Philibert marié, com.-vaud. en 1 acte	4	3	2 »
Philippe et Georgette, com.-vaud. en 1 acte	4	3	2 »
La Pièce d'emprunt ou le Compilateur, c. en 1 acte	6	1	2 »
Le Plastron, com.-vaud. en 2 actes	4	3	1 50
Le Plus beau jour de la vie, com. en 1 acte	4	3	1 »
Poëtes sans souci, vaud. en 1 acte	5	2	2 »
Polichinelle sans le savoir, com. en 1 acte	5	2	2 »
Les Précautions de ma tante, vaud. en 1 acte	3	2	2 »
Un Premier amour, vaud. en 3 actes	5	2	1 »
La Prise de voile, drame en 2 actes	4	3	2 »
La Prison de village, com.-vaud. en 1 acte	5	2	2 »
Le Procès du baiser, vaud. en 2 actes	4	3	2 »
Le Protecteur, vaud. en 1 acte	5	2	2 »
Puisque les rois épousaient des bergères, com. en 3 actes	5	2	1 »
Quinze ans d'absence, com.-vaud. en 1 acte	4	3	2 »
Le Rabot et le cor de chasse, vaud. en 1 acte	5	2	2 »
Le Ramoneur, drame en 2 actes	6	1	2 »
Rapin, vaud. en 1 acte	6	1	2 »
Le Refus par amour, com. en 1 acte	5	2	2 »
Le Rendez-vous de minuit, vaud. en 1 acte	3	4	2 »
La Résolution inutile, com. en 1 acte	2	5	2 »
Le Roi et le Pâtre, com.-vaud. en 1 acte	6	1	2 »
La Romance et la gavotte, com.-vaud. en 1 acte	5	2	2 »
Rouffignac, com. en 1 acte en vers	5	2	2 »
Sabre-de-Bois, com. en 1 acte	5	2	2 »
Salvoisy ou l'amoureux de la reine, c.-v. en 2 actes	4	3	2 »
Le Savant, vaud. en 2 actes	5	2	2 »
Un Secret d'Etat, com.-vaud. en 1 acte	4	3	2 »
Le Secret de mon oncle, vaud. en 1 acte	4	3	1 »
Le Séducteur et son élève, dr. en 2 actes	5	2	2 »
Le Serment de collége, com. en 1 acte	5	2	1 »
Les Sœurs de lait, com. en 1 acte	1	6	1 »
Une soirée à la mode, vaud. en 1 acte	4	3	2 »
Le Soldat en retraite, drame en 2 actes	5	2	2 »
Le Solitaire ou le Morceau d'ensemble, vaud. en 1 a.	4	3	2 »
Le Solliciteur ou l'Intrigue dans les bureaux, c.-v. 1 a.	5	2	2 »
La Somnambule, comédie-vaudeville en 2 actes	5	2	2 »
Le Souper d'Henri IV ou la Dinde en pal, c.-v. 1 a.	5	2	2 »
Le Sourd ou l'Auberge pleine, folie en 1 acte	3	4	1 »
Stanislas ou la Sœur de Christine, vaud. en 1 acte	5	2	2 »
Stanislas ou la Sœur de Michel et Christine, v. en 1 a.	5	2	2 »
Stanislas en voyage ou le Jour des Rois, v. en 1 acte	6	1	2 »
Stradella, vaudeville en 1 acte	5	2	1 50
Le Suicide de Falaise, vaudeville en 1 acte	6	1	2 »
Sur la frontière, vaudeville en 1 acte	5	2	3 »
Le Suisse de l'hôtel, vaudeville en 1 acte	5	2	2 »
Le Susceptible, comédie en 1 acte, en vers	5	2	2 »
Suzanne, comédie-vaudeville en 2 actes	4	3	1 50
Suzanne de Croissy, comédie-vaudeville en 1 acte	6	1	2 »
Suzette, vaudeville en 2 actes	5	2	1 »
Un Tableau de famille, comédie-vaudeville en 1 acte	4	3	2 »
Thibaud, vaud. en 1 acte	5	2	2 »

	Hommes	Femmes	PRIX
Le Tour de action, drame-vaudeville	5	2	2 »
Un Tour de garnison, comédie-vaudeville en 1 acte..	6	1	2 »
Treize à table ou le Danger d'écouter aux portes, d. 1 a.	4	3	2 »
Trilby ou la Batelière d'Argail, com.-vaud. en 1 a.	5	2	2 »
Les Trois Trilby, folie en 1 acte	4	3	2 »
Tronquette la Somnambule, vaudeville en 1 acte	6	1	1 50
Turenne ou un Trait de modestie, vaud. en 1 acte.	6	1	2 »
Vadeboncoeur, vaudeville en 1 acte	4	3	2 »
La Veuve du Marin, comédie-vaudeville en 1 acte.	5	2	2 »
Le Vieux Berger, vaudeville en 1 acte	4	3	2 »
Le Vieux Mari, vaudeville en 2 actes	4	2	1 »
La Villageoise somnambule, vaudeville en 3 actes.	4	3	2 »
La Ville au village, vaudeville en 1 acte	4	3	2 »
Une Visite à ma tante, vaudeville en 1 acte.	4	3	2 »
Une Visite nocturne, comédie en 1 acte.	5	2	1 »
Yelva, vaudeville en 2 actes	3	4	1 »

HUIT PERSONNAGES

	Hommes	Femmes	PRIX
L'Actionnaire, vaudeville en 1 acte	6	2	1 50
Aînée et Cadette, comédie-vaudeville en 2 actes	5	3	2 »
L'Alcôve, vaudeville en 1 acte	6	2	2 »
Aline Patin, comédie-vaudeville en 3 actes	5	3	1 »
L'Amant intrigué, comédie en 1 acte	6	2	2 »
L'Ami Bontemps, vaudeville en 1 acte	6	2	2 »
Les Amours de Montmartre, tragédie burl. en 1 acte	6	2	2 »
L'Amour et les champignons, tr. burl. en 1 a., en vers	6	2	1 »
L'Amour quêteur, comédie en 2 actes	1	7	2 »
L'Abreau, comédie en 2 actes	6	2	2 »
Les Antipodes, comédie-vaudeville en 1 acte	6	2	1 »
Les Arrangeuses, vaud. en 1 acte	1	7	2 »
L'Atelier de peinture, vaudeville en 1 acte	7	1	2 »
L'Auberge du Grand-Frédéric, vaudeville en 1 acte.	7	1	2 »
A vingt ans, drame en 1 acte	7	1	2 »
Avis aux mères, comédie en 1 acte, en vers	4	4	2 »
Le Baptême du petit Gibou, vaudeville en 2 actes	4	3	2 »
Le Baron d'Hileburghausen, folie en 2 actes	5	3	2 »
Le Bateau à vapeur, vaudeville en 1 acte	6	2	2 »
Le Beau-père, vaudeville en 1 acte	5	3	1 »
La Bohémienne, drame historique en 5 actes	6	2	1 »
Bonardin dans la lune, vaudeville en 1 acte	7	1	2 »
Le Bonhomme, vaudeville en 1 acte	6	2	2 »
Les Boucles d'oreilles, vaudeville en 1 acte	5	3	2 »
Le Bourgmestre de Saardam, vaudeville en 2 actes..	7	1	1 »
Le Bourru bienfaisant, comédie en 3 actes	5	3	1 50
Le Brelan de Gascons, vaudeville en 1 acte, en vers.	5	3	2 »
Les Cabinets particuliers, folie en 1 acte	6	2	1 50
Cadet-Roussel barbier, folie en 1 acte	5	3	2 »
Le Cadran de la Commune, vaudeville en 1 acte	6	2	2 »
Le Café du Printemps, comédie en 1 acte	6	2	2 »
Le Camarade de lit, vaudeville en 1 acte	7	1	2 »
Camilla, vaudeville en 1 acte	4	4	1 »
Les Cancans, vaudeville en 1 acte	4	4	2 »
Le Capitaine Jacques, comédie en 1 acte	6	2	2 »
Le Caporal Schlag, vaudeville en 1 acte	7	1	2 »
Le Carlin de la marquise, vaudeville en 2 actes	4	4	1 »

	Hommes	Femmes	PRIX
Carmagnole ou les Français sont des farceurs, v. 1 a.	6	2	2 »
Le Célibataire et l'homme marié, vaudev. en 3 actes.	6	2	2 »
La Chambre de Clairette, vaudeville en 1 acte......	4	4	2 »
Charlotte Brown, comédie en 1 acte...............	6	3	2 »
Les Châtelaines, vaudeville en 1 acte.............	2	2	2 »
La Chevalière d'Eon, vaudeville en 1 acte.........	6	2	2 »
Le Chevreuil, vaudeville en 3 actes...............	4	2	1 50
Chez vous, chez nous, chez moi, vaudev. en 3 actes.	6	3	1 50
Le Choix d'une femme, vaudeville en 1 acte.......	4	4	2 »
Le Chouan, drame en 1 acte.....................	7	1	2 »
Le Ci-devant jeune homme, vaud. en 1 acte.......	6	2	1 50
Les Cinq couverts, vaudeville en 1 acte...........	5	3	2 »
Clara Wendel ou la Demoiselle Brigand, dr. v. en 2 a.	5	3	2 »
Le Coin de rue, vaudeville en 1 acte.............	5	3	1 50
Les Collaborateurs, comédie en 1 acte, en vers....	5	3	2 »
Le Collége de ***, vaudeville en 1 acte...........	5	3	2 »
Le Commis-voyageur, vaudeville en 2 actes.......	5	3	2 »
Le Commis-voyageur, vaudeville en 1 acte........	6	2	2 »
La Contre-lettre ou le Jésuite, comédie en 2 actes.	5	2	2 »
Courte-paille, drame-vaudeville en 3 actes........	5	3	2 »
Le Cousin de tout le monde, comédie en 1 acte....	5	3	2 »
Le Cousin du roi, comédie-vaudeville en 2 actes...	6	2	2 »
Les Couturières, vaudeville en 1 acte.............	4	4	2 »
Le Couvent, comédie en 1 acte...................	»	8	2 »
Daniel le Tambour, comédie-vaudeville en 2 actes.	6	2	1 »
La Danseuse de Venise, vaudeville en 3 actes.....	5	3	2 »
Le Déjeuner d'employés, vaudeville en 1 acte.....	7	1	2 »
Le Délit politique, vaudeville en 1 acte...........	6	2	2 »
Les Deux cousins, vaudeville en 3 actes...........	5	3	2 »
Les Deux Edmond, vaudeville en 2 actes..........	5	3	1 »
Les Deux sœurs, vaudeville en 1 acte.............	5	3	2 »
Le Diable à quatre, vaudeville en 2 actes.........	6	3	2 »
Le Dilettante d'Avignon, opéra-comique en 1 acte..	5	3	2 »
Le Doyen de Killerine, vaudeville en 2 actes......	6	2	2 »
Le Duel et le Baptême, drame en 3 actes.........	6	2	2 »
Dupont mon ami, folie en 3 actes................	4	4	2 »
Les Eaux du Mont-Dore, vaudeville en 1 acte.....	5	3	2 »
L'Éligible, vaudeville en 1 acte..................	6	2	2 »
Encore un préjugé, vaudeville en 3 actes.........	7	1	2 »
L'Enfant prodigue, folie en 1 acte................	4	4	2 »
L'Enfant trouvé, comédie en 3 actes..............	5	3	1 »
L'Esprit follet, comédie en 1 acte................	5	3	2 »
Est-ce un rêve? vaudeville en 2 actes.............	6	2	1 »
Esther à Saint-Cyr, vaudeville en 1 acte..........	3	5	2 »
L'Étameur de la place Maubert, vaudev. en 1 acte.	5	2	2 »
Le Fabricant ou la Filature, vaudeville en 1 acte..	6	2	2 »
La Famille de la Future, vaudeville en 1 acte.....	5	3	2 »
La Famille du baron, vaudeville en 1 acte........	6	3	2 »
La Famille Jabutot, vaudeville en 1 acte..........	4	4	2 »
Fanfan et Colas, comédie en 1 acte...............	5	3	2 »
Le Faubourien, vaudeville en 1 acte..............	5	3	2 »
Les Femmes ou le Mérite des femmes, vaud. en 2 a.	6	3	2 »
Les Femmes d'employés, vaudeville en 1 acte.....	4	4	2 »
La Ferme et le Château, vaudeville en 1 acte.....	5	3	2 »
Feu Monsieur Mathieu, vaudeville en 1 acte......	6	2	2 »
Fifi Lecoq, vaud. en 1 acte......................	6	2	2 »
Les Filles à marier, comédie en 1 acte............	3	5	2 »

	Hommes	Femmes	PRIX
La Fille du grenadier, vaudeville en 1 acte	6	2	2 »
La Fille mal élevée, vaudeville en 2 actes	6	2	2 »
Le Gamin de Paris, vaudeville en 2 actes	6	3	1 »
La Gazette des Tribunaux, vaudeville en 1 acte	5	3	1 50
Grillo, vaudeville en 2 actes	6	2	2 »
Les Grisettes, vaudeville en 1 acte	3	5	1 »
Harnali, parodie en 3 actes	5	3	1 »
L'Héritage et le Mariage, comédie en 3 actes	5	3	2 »
Les Héritiers ou le Naufrage, comédie en 1 acte	6	2	1 »
Les Hirondelles, vaudeville en 1 acte	4	4	1 50
L'Homme blasé, vaudeville en 2 actes	6	2	2 »
L'Homme incombustible, vaudeville en 1 acte	6	2	2 »
L'Hôtel Bazancourt, vaudeville en 1 acte	7	1	2 »
L'Hôtel des Quatre-Nations, vaud. en 1 acte	7	1	2 »
L'Impôt sur les célibataires, vaudeville en 1 acte	4	4	1 50
L'Impromptu de campagne, comédie en 1 a., en vers	5	3	2 »
L'Intérieur de l'étude, vaudeville en 1 acte	7	1	1 »
Le Jaloux malade, comédie en 1 acte	6	2	2 »
Jeune et vieille, vaudeville en 2 actes	3	5	2 »
Le Jeune savant, comédie en 1 acte	6	2	2 »
Les Joueurs, comédie en 1 acte	7	1	2 »
Les Lanciers et les Capucins, vaudeville en 1 acte	7	1	2 »
Le Landau, vaudeville en 1 acte	5	3	1 »
La Leçon de danse et d'équitation, vaud. en 1 acte	6	2	2 »
Les Lions de Gisors, bêtise en 1 acte	6	2	2 »
La Loge du portier, vaudeville en 1 acte	4	2	2 »
Le Lorgnon, comédie en 1 acte	6	2	1 »
Lucile, drame en 3 actes	3	5	1 »
Madame Flambard, vaudeville en 2 actes	4	4	2 »
Madelon Friquet, vaudeville en 2 actes	4	4	2 »
Mademoiselle, vaudeville en 2 actes	3	5	2 »
Mademoiselle d'Aloigny, comédie en 1 acte	6	2	1 »
La Maîtresse de poste, vaudeville en 1 acte	7	1	1 »
La Maîtresse et la Fiancée, vaudeville en 1 acte	3	3	1 50
Les Marchands forains, vaudeville en 1 acte	6	2	2 »
Le Maréchal et le Soldat, vaudeville en 1 acte	6	2	2 »
Le Mari de sa cuisinière, comédie en 2 actes	5	3	2 »
Le Mariage de Nanon ou la suite de Mme Angot, v. 1 a.	6	3	2 »
Le Mariage écossais, vaudeville en 1 acte	6	2	2 »
Mariage sous l'empire, comédie-vaudeville en 2 actes	4	3	2 »
Les Marieurs écossais, vaudeville en 1 acte	6	2	2 »
Le Médecin des dames, vaudeville en 1 acte	3	5	2 »
Les Méprises de bal, vaudeville en 1 acte	5	3	2 »
Le Meurtrier, drame en 3 actes	8	2	2 »
Le Mexicain, drame en 3 actes	6	2	2 »
Minuit, vaudeville en 1 acte	6	2	1 »
La Modiste et le Lord, vaudeville en 2 actes	4	4	2 »
Mon ami de Paris ou le Retour, vaudev. en 1 acte	5	3	2 »
Mon ami Pierrot, vaudeville en 1 acte	5	3	2 »
Monsieur Blaise ou les Deux Châteaux, v. en 2 actes	5	3	2 »
Monsieur Bonnegrâce ou le Petit Volage, v. en 1 acte	4	4	2 »
Monsieur de la Jobardière ou une Résolution impromptue, vaudeville en 1 acte	5	3	2 »
Monsieur Ducroquis ou le Peintre en voyage, v. 1 a.	5	3	2 »
Monsieur Moujon ou la Journée mystérieuse, v. 1 a.	5	3	2 »
Monsieur Musard ou Comme le temps passe, c. 1 a.	6	2	2 »
Monsieur Pique-assiette, vaudeville en 1 acte	6	2	2 »

	Hommes	Femmes	PRIX	
La Mouche du coche, vaudeville en 1 acte	6	2	2	»
Le Mystificateur, vaudeville en 1 acte	7	1	2	»
Nitouche et Guignolet, vaudeville en 1 acte	5	3	1	»
Noémie, vaudeville en 2 actes	4	2	1	»
L'Oncle Baptiste, comédie en 2 actes	6	3	2	»
L'Ouverture de la chasse, vaudeville en 1 acte	5	3	1	»
Paris au village, vaudeville en 1 acte	5	5	2	»
Le Parrain, comédie-vaudeville en 1 acte	3	2	1	»
Péche et Pénitence, vaudeville en 2 actes	5	5	1	»
Les Pénitents blancs, vaudeville en 2 actes	5	3	1	»
Le Père Marcel, comédie-vaudeville en 2 actes	5	3	1	»
Le Père prodige, vaudeville en 1 acte	5	4	1	»
Le Perruquier et le Coiffeur, vaudeville en 1 acte	4	2	1	50
Pecherel l'Empailleur, vaud. en 1 acte	6	3	2	»
Les Petits acteurs, vaudeville en 1 acte	5	2	3	»
La Petite sœur, comédie-vaudeville en 1 acte	6	4	1	»
Phœbus ou l'Ecrivain public, vaudeville en 2 actes	4	1	2	»
Poëte et Maçon, vaudeville en 1 acte	7	4	1	50
Portier, je veux de tes cheveux, vaud. en 1 acte	7	4	2	»
Les Préventions, comédie en 1 acte	4	5	2	»
Le Pygmalion du faubourg Saint-Antoine, v. 1 a.	3	1	2	»
Le Quart d'heure de Rabelais, vaudeville en 1 acte	7	1	2	»
Quoniam, comédie-vaudeville en 2 actes	6	2	2	»
Rabelais, comédie en 1 acte	7	2	1	»
Riche et Pauvre, comédie en 1 acte	6	2	2	»
Romainville ou la Promenade du dimanche, v. en 1 a.	4	4	2	»
Roquelaure, comédie-vaudeville en 2 actes	6	2	2	»
Rosette, vaudeville en 2 actes	5	3	1	»
La Salade d'oranges ou les Etrennes dans la mansarde, comédie-vaudeville en 1 acte	3	5	2	»
La Salle de bains, comédie-vaudeville en 2 actes	5	3	2	»
La Salle des Pas-Perdus, comédie-vaudeville en 1 a.	6	2	2	»
Santeuil ou le Chanoine au cabaret, com.-v. en 1 a.	7	1	2	»
Le Secret découvert, comédie-vaudeville en 1 acte	6	2	2	»
La Sentinelle ou Huit ans de faction, vaud. en 1 acte	7	1	2	»
Soldats, voilà Catin, comédie-vaudeville en 2 actes	6	2	2	»
Le Solliciteur ou l'Art d'obtenir des places, v. en 1 a.	6	2	2	»
Les Solliciteurs et les fous, comédie-vaud. en 1 acte	6	2	2	»
Les Susceptibles, comédie en 1 acte	6	2	2	»
Le Tailleur de Jean-Jacques, vaud. en 1 acte	6	2	1	»
Un Talisman sous M. de Sartines, vaudev. en 1 acte	7	1	2	»
Le Témoin, comédie-vaudeville en 1 acte	6	2	2	»
Le Tir et le Pistolet, vaudeville en 1 acte	7	2	2	»
Un Tour de Colalto, comédie-vaudeville en 1 acte	6	2	2	»
Tout pour l'enseigne, vaudeville en 1 acte	6	3	1	»
Le Vagabond, drame populaire en 1 acte	5	3	2	»
La Veste et la Livrée, vaudeville en 1 acte	6	2	2	»
Le Vieux mari, comédie-vaudeville en 2 actes	6	2	2	»
Les Voleurs supposés, vaudeville en 1 acte	6	2	2	»

FIN

PARIS. — TYP. WALDER, RUE BONAPARTE, 44.

EN VENTE CHEZ LE MÊME ÉDITEUR

PIÈCES DE THÉÂTRE FORMAT GRAND IN-18 ANGLAIS

Revendication, dr. en 3 a.	1 50
Mon Abonné, com. en 1 acte.	» »
Les Chevaliers de la Charité, drame en 5 actes............	» 50
Les Bêtes noires du Capitaine, comédie en 4 actes........	2 »
Le Théâtre Scribe, prologue en vers......................	» 50
Mémoires d'un Flageolet, vaudeville en 3 actes...........	1 50
Le Théâtre Archi-moral, monologue en 1 acte............	1 »
Les Filles de l'air, pièce fantastique en 3 actes	1 50
Les Jeunes, prologue en vers.	» 50
Un lit pour Trois, vaud. 1 acte.	1 50
Pourquoi plus de chansons! monologue...............	1 »
Bobinette, vaudeville en 1 acte.	1 50
Bagatelle, op.-com. en 1 acte.	1 50
La Maison du mari, dr. en 5 a.	2 »
La Femme de Paillasse, drame en 6 actes	2 »
Le Guide du Bon Ton, pochade en 1 acte...............	1 »
Mariée depuis midi, monologue en 1 acte............	1 50
Le Florentin, op.-com. en 3 a.	1 »
Le Secret de Rocbrune, drame en 5 actes...............	2 »
L'Opéra aux Italiens, à-propos en 1 acte...............	1 »
Ah! c'est donc toi, Mme La Revue, 3 actes, 10 tableaux.	1 »
Forte en Gueule, 3 a., 15 tabl.	1 »
Le Fils d'une Comédienne, d. 5 a.	2 »
Poisson volant, féerie en 12 tabl.	» 50
Charlotte et Nicaise, v. en 1 a.	1 »
La Liqueur d'Or, op.-b. en 3 a.	2 »
La Falaise de Penmark, drame en 5 actes...............	2 »
La Jolie Parfumeuse, opéra-comique en 3 actes.........	2 »
La Nuit des noces de la Fille Angot, vaudeville en 1 acte.	1 »
Les Baisers du roi, com. en 1 a.	1 »
L'Apprenti de Cléomène, comédie en 1 acte, en vers....	1 »
Les Brigands par amour, vaudeville en 1 acte..........	1 »
La Leçon d'amour, op.-b. en 1 a.	1 »
A perpétuité, vaud. en 1 acte..	1 »
Agence matrimoniale, v. en 1 a.	1 »
La Patte à Coco, 3 a., 2 tabl.	» 50
Pomme d'Api, op.-b. en 1 acte.	1 50
Permission de 10 heures, opéra-comique en 1 acte.......	1 »
La Licorne, comédie en 1 acte.	1 50
Les Postillons de Fougerolles drame en 5 actes...........	2 »
La Clarinette postale, vaudeville en 1 acte............	1 50
Le Client de Campagnac, comédie en 1 acte...........	1 »
Les Esprits des Batignolles, à-propos en 1 acte.........	1 »
Prenez l'ascenseur, c. en 1 a.	1 »
L'Oubliée, drame en 4 actes...	2 »
La Mort de Molière, dr. en 4 a.	2 »
Les Horreurs du Carnaval, opérette-vaudeville en 1 acte.	1 »
Le Club des séparées, folie-vaudeville en 1 acte........	1 »
Les Trois Princesses, 3 a., 8 ta.	» 50
L'Education d'Ernestine, comédie-vaudeville en 1 acte...	1 »
L'Entresol, monologue en 1 acte.	1 »
La Clé de Barbe-Bleue, monologue en 1 acte...........	1 »
Venez, je m'ennuie, com. en 1 a.	1 »
Aristophane à Paris, 3 a., 11 t.	» 50
Dans une Armoire, com. en 1 a.	1 »
Caïn, drame en 2 tableaux....	1 »
Du pain, S. V. P., com. en 1 a.	1 »
Jane, drame en 3 actes........	2 »
La Flamme de Claude, parodie en 1 acte...............	1 »
Un Lâche, drame en 5 actes...	2 »
Le Forgeron de Châteaudun, drame en 5 actes.........	2 »
Les Pommes d'or, féerie en 3 actes, 18 tableaux.......	» 50
La Fille de Mme Angot, opéra en 3 actes............	2 »
Le Portier du n° 15, dr. en 5 a.	2 »
Don César de Bazan, opéra-comique en 3 actes.........	1 »
Sol-si-ré-pif-pan, vaud. en 1 a.	1 »
Très-Fragile, farce en 2 actes.	1 »
Difficile à marier, c.-v. en 1 a.	1 »
Il pleut, comédie en 1 acte...	1 »
Mazeppa, opéra-bouffe, 3 actes.	2 »
Un Fiancé à l'heure, v. en 1 a.	1 »
La Bonne à Venture, v. en 1 a.	1 »
Une Poignée de bêtises, 3 tab.	1 »
Paris dans l'eau, vaud. en 4 ac.	1 50
Les Apôtres du mal, dr. en 5 a.	2 »
Viv' la joie et les militaires, poch. en 1 acte..........	1 »
Daniel Manin, drame en 5 actes.	2 »
Une Tête de carton, v. en 1 a.	1 »
Un Duel sans témoins, v. en 1 a.	1 »
Une Nuit sur la scène, vaudeville en 1 acte...........	1 »
Passé midi, folie-vaudeville....	1 »
Une Morale au cabaret, vaudeville en 1 acte...........	1 »
Galatée et Pygmalion, op.-v.	1 »
Le Paletot de l'avare, opéra-vaudeville en 1 acte.......	1 »
L'Amour au village, opéra-vaudeville en 1 acte........	» 50
Vert-Vert, op.-com. en 3 actes.	1 »
Le Premier Jour de bonheur, opéra-comique en 3 actes...	1 »
La Fanchonnette, op.-c. 3 a.	1 »
Mesdames de la halle, op.-b.	1 »
L'Ecossais de Chatou, op.-b.	1 »
On demande des domestiques, vaudeville en 1 acte.........	1 50
Une Allumette entre deux feux, vaudeville en 1 acte........	1 50
La Carte à payer, vaud. en 1 a.	1 »
Les Deux Ménages, com. en 3 a.	1 50
Le Nouveau Seigneur de village, opéra-com. en 1 acte....	1 »
Les Quatre Sergents de la Rochelle, drame en 3 actes..	2 »
Le Tribut des cent vierges, drame en 5 actes...........	2 »
Le Bal masqué, opéra en 3 actes.	1 »
Le Chevreuil, fol.-vaud. en 3 a.	1 50

www.ingramcontent.com/pod-product-compliance
Lightning Source LLC
LaVergne TN
LVHW050623090426
835512LV00008B/1643